오늘도

법정에
있습니다

일본
사회를
뒤흔든

오늘도

생생한
사건
기록

아사히신문
사회부

고선윤
옮김

법정에

있습니다

학고재

시작은 선술집에서 대수롭지 않게 나눈 이야기에서 비롯되었다.

"지금 취재하고 있는 재판에 대해 100행 정도 썼으면 합니다. 30행은 너무 짧아서 내용을 담을 수가 없습니다."

도쿄 지방법원에서 형사 재판을 담당하고 있는 기자가 이런 말을 했다. 100행이란 신문기사의 행수다. 1행이 12자이니 약 1200자. 원고지 6매 분량이다. 정치인의 스캔들 같은 사회의 주목을 받는 대형 재판이 아니면 보통 100행까지는 어렵다.

"그건 안 되지. 30행 이상은 실을 수가 없어."

재판 취재 팀장이었던 나는 "안 된다"는 말만 했다. 기자가 취재한 사건은 주목할 만한 재판도 아니었고, 사실 30행도 실릴까 말까 한 정도였다. 그러나 기자는 포기하지 않았다.

"인터넷에서만이라도 좋습니다. 반드시 독자들이 읽어줄 겁니다. 자신 있습니다."

완성된 원고는 200행이나 되었다. 하지만 정작 분량은 문제가 되지 않았다. 흥미로웠다. 원고 분량을 거의 줄이지 않고, 인터넷에 기사를 올리는 아사히신문 온라인 편집부로 들고 들어갔다.

이렇게 해서 온라인 연재 기사 '오늘도 방청석에 있습니다'가 시작되었다. 이후 사회부 기자만이 아니라 전국부 기자도 참가해서 집필을 이어나갔다.

신문사의 재판 담당 기자는 늘 방청석에 앉아 있다. 어떤 날은 아침부터 밤까지 앉아 있기도 한다. 그러나 신문기사가 되는 것은 아주 미미하다. 대개 첫 공판이나 판결 정도다. 행수는 많아야 30행이다.

그런데 이 책에서 소개하고 있는 것처럼, 세상의 주목을 받지 못하는 재판에서도 다양한 인생 드라마가 펼쳐지고 있다. 입을 다무는 피고인도 있고, 말을 아주 잘하는 피고인도 있다. 증인신문에서는 피고인의 가족이 고뇌를 드러내는 경우가 많다. 물론 피해자가 말하는 언어의 무게에 짓눌려버릴 것 같은 느낌이 들 때도 있다.

이 책에서는, 이들의 한마디 한마디를 되도록 소중하게 전달하려 애썼다.

이 글을 아사히신문 온라인에 올리면, 매회 많은 분들이 접속을 한다. 또 독자들은 트위터와 페이스북을 통해 피고인이나 피해자의 말에 자신들의 느낌을 덧붙이기도 했다. 기자가 생각지도 못한 시각들이 드러났다. 여기에서 사회에 문제를 제기하는 또 다른 기사가 탄생하기도 했다.

어쩌면 지금까지 신문이 기사로 다루지 못한 '작은 사건'의 재판에야말로, 우리 기자들의 시선이 향해야 하는 많은 일들이 담겨 있었는지도 모른다. 부모와 자식의 문제, 부부 문제, 질병……. 평범한 생활 속에서 어쩌면 나 자신도 가질 수 있는 고민이 있다. 이것이 뒤틀려서 범죄로 이어진다. 어떻게 하면 미리 막을 수 있을까.

앞으로도 전국 법정의 방청석에서 다양한 재판을 지켜보고 알리고 싶다.

마지막으로 이렇게 멋진 책을 만들어주신 출판사 겐토샤幻冬舍의 고기타 준코小木田順子 씨에게 깊은 감사를 표한다. 1년 전에 "나중에 꼭 책으로 만듭시다"라며 먼저 손을 내밀어주었다. 그 말에 힘입어 여기까지 올 수 있었다.

2016년 2월
전 법조출입기자단 간사 노무라 슈野村周

차례

일러두기
- 모든 주석은 옮긴이주입니다.
- 글의 순서는 원서와 일치하지 않습니다.

엄마가
빼앗은

아들의
목숨

엄마가 빼앗은 아들의 목숨

2013.10.2.

"나는 크면 엄마랑 결혼할 거야."

5살 어린 아들은 입버릇처럼 말했다. 초등학교에 입학하는 날을 위해 몰래 준비한 책가방. 이 가방을 메고 학교에 가는 날, 아들은 얼마나 좋아할까. 그런데 엄마는 그 모습을 보기도 전에, 아들에게 쓰레기봉지를 씌워 목숨을 빼앗았다.

9월 25일 오전 10시, 도쿄 지방법원 715호 법정에 상해치사 혐의로 기소된 피고인 하라 치에코(原千枝子, 42)가 모습을 나타냈다. 재판원재판*에서의 심리가 시작되었다. 첫 공판, 방청석은 꽉

• 우리나라의 국민참여재판은 배심원들이 의견을 법관에게 권고하는 성격이지만, 일본의 재판원재판은 재판원들이 양형작업에 직접 참여한다.

찼다.

"제가 다다시忠志를 죽였습니다."

검은 스웨터에 바지 차림을 한 피고인은 기어들어가는 목소리로 공소사실을 인정했다.

검사의 모두진술과 변호인의 주장에 따르면 사건은 다음과 같다.

피고인 하라 치에코는 도쿄 메구로目黑에 위치한 자택에서 남편과 아이 넷, 이렇게 6명이 함께 살았다.

2012년 9월 1일 토요일 밤 피고인은, 가지고 놀던 장난감을 치우지 않은 아이들을 꾸짖은 뒤, 가정용 게임기 닌텐도 DS 등을 쓰레기봉지에 담았다.

다음 날은 일요일이라 충분히 자고 싶다고 생각한 피고인은 오전 0시경, 수면제 1알과 소주를 물에 타서 마셨다. 날이 밝기까지 2번 잠에서 깼고, 그때마다 수면제를 거듭 먹었다. 피고인이 일어난 것은 다음 날인 2일 오전 11시경이었다.

셋째아들 다다시 군은 이미 일어나 있었다. "엄마, DS 어디 있어?"라고 말하는 아들을 보는 순간 피고인은 화가 났다. 그리고 아들이 엄마의 마음을 몰라준다는 생각에 속이 상했다.

다다시 군은 어린이집에 다니는 활발한 아이였다. 피고인은 아들을 무척 사랑했지만, 한편으로는 자기 주장이 강한 다다시 군을 어떻게 교육해야 할 것인가 고민하고 있었다.

하고 싶은 일만 하면서 살 수는 없다는 사실을 아들에게 가르치고 싶었던 피고인은, "숨 쉬는 것하고 게임하는 것하고 어떤 게 더 좋아?"라고 물었다.

살아가기 위해서는 숨을 쉬어야 한다. 노는 것보다 더 중요한 일이 있다는 사실을 알려주기 위한 질문이었다.

그런데 다다시 군은 "게임이 더 좋아"라고 답했다.

피고인은 다다시 군의 손발을 비닐 끈으로 묶고, 눈과 입에는 접착테이프를 붙인 다음, 머리부터 발끝까지 쓰레기봉지를 2장 씌운 뒤 접착테이프로 감았다.

잘못했다고 빌면 바로 풀어줄 생각이었지만, 간밤에 복용한 총 3알의 수면제 때문에 피고인은 다시 잠들어버렸다.

오후 0시 15분경, 이상한 낌새를 느낀 남편이 다다시 군을 발견하고 쓰레기봉지에서 꺼냈지만 의식이 없었다. 119를 불렀다. 피고인은 남편이 흔들어 깨워서 겨우 일어났다.

사흘 후, 다다시 군은 산소 부족으로 인한 뇌장애증후군, 이른바 저산소뇌증으로 사망했다.

피고인은 왜 수면제를 먹게 되었을까?

세무사 자격증을 가지고 있는 피고인은, 남편이 운영하는 회사에서 사무 일을 맡고 있었다.

그런데 2012년 5월, 남편이 정신이상 증세를 호소하면서, 일
과 육아에 대한 피고인의 부담이 더욱 커지게 되었다. 잠을 잘
이룰 수 없었던 피고인은, 남편이 처방받은 수면제를 함부로 먹
기 시작했다.

피고인   사건 직전 며칠간은 정말 힘들었습니다. 매일 수면제를
        1알씩 먹었습니다. 월말의 바쁜 회사 일은 어떻게 처리
        했지만, 정신적으로도 체력적으로도 힘든 시간이었습니
        다. 그래서 긴 시간 충분히 잠을 자고 싶었습니다.

하룻밤에 수면제 3알은 너무 많은 양이었다. 정신감정 결과,
피고인은 범행 당시 알코올과 수면제에 의한 급성 중독으로 의
식장애를 일으키고 있었다고 보고되었다.

"약과 알코올을 함께 먹어서는 안 됩니다. 이 사건은 분명 피
할 수 있었던 사건입니다."

변호인의 요청에 따라 정신감정을 담당한 정신과의사는 법
정에서 재판원들에게 호소했다.

정신과의사   피고인은 자신의 행동을 멈출 수 없거나, 의지에서 벗

어난 행동을 하는 등 비정상적 상태였음을 미루어 짐
작할 수 있습니다.

변호인 범행 당시의 기억이 있습니까?

피고인 단편적으로밖에 남아 있지 않습니다.

사건 후 경찰서에서 피의자 신문을 받을 때, 피고인은 처음에는 자신이 용의자임을 인식하지 못했다.

변호인 본인이 가해자라는 사실을 언제 알았습니까?

피고인 너무 놀라서……. 그때는 오로지 다다시의 일만 걱정했습니다.

피고인은 다다시 군에 대해 말할 때마다 눈물로 말을 잇지 못했다.

다다시 군은 매일 밤 엄마와 손을 잡고 잤다. 그 보드라운 손의 감촉 그리고 웃는 얼굴. "나는 크면 엄마랑 결혼할 거야"라는 말. 초등학교 입학을 기다리며 준비한 파란 책가방.

피고인 그 아이는 저의 태양이었습니다.

변호인 1년 이상 구금되어 있었는데 그동안 무슨 생각을 했습니까?

피고인　할 수만 있다면 다다시에게 모든 것을 되돌려주고 싶다고 생각했습니다. 다다시가 보고 싶어 견딜 수가 없었습니다.

　고개를 떨구며 훌쩍이기 시작한 피고인이 손에 든 손수건을 더 세게 쥐었고, 곧이어 흐느껴 울기 시작했다.

피고인　저는 가해자이지만, 다다시를 낳은 엄마입니다……. 범인을 가장 미워해야 할 사람이 바로 저입니다. 다다시를 돌려달라고 저 자신을 끊임없이 질책하고 있습니다.

　2012년 9월 하순, 다다시 군의 장례를 치렀다. 피고인은 검사가 요청한 정신감정 때문에 구속중이었지만, 일시적으로 해제되어 참석이 허락되었다.
　변호인에 따르면, 남편은 지금도 1주일에 두 번, 빠지지 않고 면회를 온다.

변호인　(이런 사건을 겪고) 살아갈 수 있겠습니까? 만약 사회로 나간다면 자기 자신을 지킬 각오가 되어 있습니까?

피고인 그렇지 않으면 다다시의 목숨이……. 세 아이 앞에서도
　　　　얼굴을 들 수가 없습니다.

마지막으로 검사가 범행의 원인을 다시 물었다.

검사 설마 모든 일을 수면제 탓으로 돌리고 있지는 않겠지요?
피고인 마음이 느슨해져서 응석을 부렸습니다. 남편에게도 아이
　　　　들에게도 이 정도면 충분하다고 생각했습니다. 지금은
　　　　저 자신이 변해야 한다고 생각하고 있습니다.

검사는 9월 30일, "심한 의식장애 상태였지만 범행을 일으킨
사람은 그 누구도 아닌 피고인 자신이었다"는 점을 강조하면서
징역 4년을 구형했다.

변호인은 다음과 같은 말과 함께 집행유예를 요청했다.

"깊이 반성하고 있습니다. 가족은 피고인이 하루라도 빨리 돌
아오기를 기다립니다."

추가기록

도쿄 지방법원은 징역 3년에 보호관찰부 집행유예 5년을 선고했고, 판결이
확정되었다.

아내를 요양원에 보내고 싶지 않았다

2013.7.3.

늦게 만났지만 20년 이상 함께해온 부부의 행복이 한순간 무너졌다. 남편이 아내의 목을 졸라 살해한 것이다. 막을 수 없는 사건이었을까?

　2012년 한여름 밤, 피고인 이와무라 다이조(岩村泰造, 76)는 도쿄 도 다치카와 시立川市의 집에서 아내(당시 65)의 목을 넥타이로 졸라 살해했다. 직접 경찰에 신고했고, 살인죄로 기소되었다.
　사건 발생 10개월 후, 피고인을 도쿄 지방법원 다치카와 지원의 법정에서 만났다. 검은 양복 차림에 넥타이는 매지 않았는데, 세탁공장의 다림질 담당 직원으로 60년 이상 일했기 때문일까, 빳빳하게 풀을 먹인 와이셔츠가 인상적이었다. 그런 피고인의 모습을 6월 11일부터 시작된 재판원재판에서 지켜보고 있다.

피고인의 진술을 토대로 경과를 따라가보면 다음과 같다.

1959년 전처와 결혼해서 남매를 얻었지만 1981년에 이혼한 그는, 8년 후 새로 직장을 옮긴 세탁공장에서 지금의 아내를 만났다. 당시 피고인은 50대, 아내는 40대였다.

피고인은 일을 잘하고 항상 밝게 웃는 그녀에게 매료되었다. 그녀는 피고인을 편안하게 대했고, 두 사람은 2년 후에 결혼했다.

싸움은 한 번도 한 적이 없다. 상대가 무엇을 생각하고 있는지 서로 알 수 있었다.

결혼 2주년, 하코네箱根 고라 온천強羅溫泉에서 행복한 얼굴로 온천욕을 즐기던 아내의 모습을 피고인은 지금도 기억한다고 했다.

이런 생활에 변화가 생긴 것은, 아내가 세탁공장을 퇴직하고 1년이 지난 2007년의 일이다.

어느 날 아내가 벽을 향해 독백을 하고 있었다. "왜 그래?" 피고인이 묻자, 아내는 남자의 말투로 "나는 괜찮다"고 했다. 하지만 곧이어 "여기에 뭔가가 숨어 있다"며 천장과 벽을 치고, "누군가가 덮칠 것 같다"면서 침대 밑에 칼을 숨기고 잤다.

걱정이 된 피고인이 병원에 데려가려 했지만 아내는 가지 않겠다며 난동을 부렸다. 보건소에 가서 상담을 하자 의사가 왕진을 왔고, 정신병이 의심되니 병원에 데리고 가라고 했지만 아내는 극도로 싫어했다.

피고인은 결심했다.

"몸은 건강하니 내가 돌봐야겠다."

피고인이 부엌일, 청소, 빨래를 직접 했다. 세탁공장에서 일을 하면 수입은 매월 20만 엔 정도. 거기에서 월 8만 5천 엔이 집세로 나갔다.

그러나 아내의 증세는 점차 악화되었다. 집의 벽과 가구 등에 기묘한 눈 같은 것을 그리고, 세탁공장까지 쫓아와서 전 상사에게 자신을 다시 채용하라고 요구하기도 했다.

재판원 그런 아내에게서 해방되고 싶다고 생각하지는 않았습니까?

피고인 그렇게 생각한 적은 한 번도 없습니다.

그래도 아내에 대한 책임감 때문에 점점 힘들어졌다.

검사 둘이서 죽을 수밖에 없다고 생각한 것은 언제부터입니까?

피고인 작년 7월 말부터입니다. 임대 아파트의 재계약일이 다가오고 있었습니다. 만약 재계약이 안 되면 죽을 수밖에 없다고 생각했습니다.

2012년 8월 초. 재계약을 알리는 서류가 배달되었다. 재계약을 위해서는 연대 보증인이 필요했으나, 그때까지 보증인이었던 처가의 친척과는 금전문제로 인해 연락이 끊어진 상태였다. 다른 친척과의 만남은 거의 없었고, 새 보증인을 구해야 하는데 특별한 방도가 없었다.

피고인은 사람을 잘 사귀지 못하는 성격이라, 직장에서도 속마음을 터놓고 지내는 동료가 없었다. 단 한 사람 마음을 나눌 수 있는 사람이 아내였다.

그래도 직장에서 보증인을 알아보려 했지만, 아무도 들어주지 않았다. 전처와의 사이에서 낳은 두 자녀와도 10년 이상 만남이 없었다.

재계약 마감일을 하루 앞두고, 부동산 담당자가 집을 방문해서 종이를 한 장 건넸다. '재계약 안내장'의 한 문장이 형광펜으로 강조되어 있었다. '재계약 통지가 없을 경우, 재계약이 성사되지 않으므로 즉시 퇴거할 것을 부탁드립니다.'

피고인은 시청에도 문의를 하고, 민간 봉사자인 민생위원에게도 전화를 해보았다. 면식이 거의 없었던 처갓집에도 5번이나 연락을 했지만 연결이 되지 않았다.

피고인 이제 살 곳이 없으니 죽을 수밖에 없다고 생각했습니다.

최종 기한이 지난 26일, 피고인은 아침부터 무엇을 먹었는지 무엇을 했는지 기억나지 않는다고 했다.

밤 10시. 밤낮이 바뀐 아내는 아직 자고 있었다.

피고인 장에 갈까?

아내 지금 몇 시야? 그래 가자.

그렇게 대답은 하고서도 다시 자려는 아내의 목을, 피고인은 준비한 넥타이로 졸랐다.

피고인 미안하다 미안하다고 말하면서 목을 졸랐습니다.

피고인은 주변을 정리한 후 경찰에 신고했다.

검사 왜 죽이려고 했습니까?

피고인 살 곳이 없으면 아내를 요양원에 보내야 합니다. 그건 너무 불쌍했습니다. 궁지에 몰린 저로서는 그것이 마지막 선택이라고 생각했습니다.

재판에서, 당시 피고인의 전화를 받은 시청 직원 2명이 자택을 방문한 사실이 밝혀졌다. 하지만 불행하게도 방문은 사건이 있은 다음의 일이었다.

피고인 일을 저지르지 않고 하루 이틀 더 기다렸다면 다른 방법이 있었을지도 모른다고, 지금은 생각합니다.

그리고 아내를 향한 마음을 고했다.

"아내와 함께 있고 싶었습니다. 아내를 혼자 두고 싶지 않았고, 남의 손에 맡기고 싶지 않았습니다. 유골을 맡아줄 곳이 없어, 지금 아내는 갈 곳 없는 귀신이 되었습니다. 형기를 마치면 가장 먼저 저에게 돌아오게 하고 싶습니다."

검사는 범행을 엄하게 지탄하며 징역 7년을 구형했다.

"자식들과 연락조차 하지 않았고, 보증인이 필요하다는 사실을 알고 있으면서도 사전에 찾아보지 않았습니다."

판결은 6월 14일에 있었다. 재판장은 징역 5년을 선고하며 아래와 같이 말했다.

"피고인이 아내의 정신상태 악화와 재계약 문제를 혼자 떠안고 미래에 대한 불안을 견디기 힘들었을 것이라는 점을 어느 정도 헤아릴 수 있습니다."

피고인은 몇 번이고 고개를 떨구며 법정을 떠났다.

1심 판결은 '사형, 무기 또는 5년 이상의 징역'이라는 살인죄 법정형의 하한선이었다. 피고인도 검사도 항소하지 않았고, 형은 그대로 확정되었다.

관료의 잘못, 아내의 그림자

2013.6.13.

일본 정치·행정의 중심지인 가스미가세키霞ガ関의 엘리트 관료가 법정에서 도쿄 지방검찰청과 정면대립하고 있다.

　피고인은 금융상품거래법위반(내부자거래) 혐의로 기소된 니시다 마코토(西田真, 54) 경제산업성 전 심의관이다.

"저는 법률을 위반한 사실이 없습니다. 사실에 반하는 것이므로 절대 받아들일 수 없습니다."

　2012년 11월부터 도쿄 지방법원에서 진행되고 있는 이 공판에서, 피고인 니시다 전 심의관은 공소사실을 전면 부인했다. 또 '인권을 무시한 조사를 받았다'며 도쿄 지방검찰청 특조부와 증권거래감시위원회를 상대로 역공을 펼치고 있다.

피고인 있을 수 없는 조사였습니다.

검사 당신이 한 짓이 더 있을 수 없는 일 아닙니까?

피고인 무슨 의미입니까?

판사 검사는 관계없는 질문을 하지 마십시오.

 피고인과 검사가 서로 얼굴을 붉히는 장면도 있었다.

 니시다 전 심의관은 도쿄 대학 경제학부를 졸업한 뒤 1981년, 당시 통상산업성에 입사했다. IT업계 쪽을 오랫동안 담당한 그는 상무정보정책국에서 2인자에 해당하는 심의관까지 올랐다. 그사이 경찰청과 외무성에 파견근무를 나가기도 해서, 와카야마 현和歌山県 경찰청 경무부장과 독일 주재 일본대사관 1등서기관 등을 역임했다. 2011년 3월 동일본 대지진 때는 원자력발전소 정책을 관리하는 자원에너지청의 차장이었다.

 "언젠가는 경제산업성을 짊어질 인재로 기대되는 사람이었는데, 참으로 안타깝습니다. 안타깝다는 말밖에 할 수가 없습니다."

 증인으로 출석한 전 상사는 애석해했다.

 니시다 전 심의관이 내부자거래로 구입한 것은 반도체회사 '엘피다 메모리'•의 주식이었다. 일본 유일의 디램(DRAM, 수시 독해·기입 반도체 메모리) 전문 브랜드인 이 회사는, NEC와 히타치 제작소의 디램 사업을 종합해서 발족한 뒤, 이후 미쓰비시

전기의 해당 사업까지 흡수했다.

그런데 리먼 쇼크 후인 2008년 말 회사가 거액의 적자로 힘들어지자, 사장은 연말부터 이듬해 초까지 니시다 전 심의관 등 경제산업성 간부들을 몇 번이고 찾아가 정치적 지원을 요청했고, 얼마 후 경제산업성에서는 엘피다의 구제를 전제로 한 법 개정이 진행되었다.

'구제하는 측'의 니시다 전 심의관이 엘피다의 주식을 사들인 것은 바로 이때부터다.

검사는 니시다 전 심의관이 직장에서 진행한 주식거래 실태를 적나라하게 폭로했다. 이에 따르면 다음과 같다.

1999년 니시다 전 심의관은 다이와 증권에 본인 명의의 계좌를 개설했다. 2년 후, 같은 영업직원을 통해서 아내 명의의 계좌도 개설했다.

엘피다 구제가 검토되었던 2009년 1월경, 니시다 전 심의관은 직장 컴퓨터로 엘피다의 주가를 수시로 체크했으며, 2~3월에는 아내 명의의 계좌로 약 270만 엔어치의 주식을 사들였다. 엘피다 지원에 대한 논의가 본격화된 5월에는 약 300만 엔어치

• 2014년, 상호가 '마이크론 메모리 재팬Micron Memory Japan'으로 바뀌었다.

의 주식을 더 사들였다.

사내에 있는 편의점 현금자동입출금기를 이용해 증권회사의 계좌로 현금을 입금하고, 근무시간에 자신의 휴대전화로 인터넷 주문을 반복했다.

법이 개정된 6월, '엘피다에 공적자금을 투입한다'는 발표가 있었다. 손실을 정부가 메운다는 이례적인 조건 아래 일본정책투자은행이 300억 엔을 출자하기로 했고, 주가는 급상승했다. 니시다 전 심의관은 그다음 해에 주식을 팔아 200만 엔 이상의 차익을 얻었다.

검사는 일련의 매매 중 적어도 5월에 사들인 300만 엔의 주식은 내부자거래에 해당한다고 기소했다.

'기업 정보의 보고'라 할 만큼 많은 미공개 정보를 가지고 있는 경제산업성은 직원들에게 자신이 관리하는 업계의 주식거래를 내규로 엄금하고 있다.

검사 지금 피고인석에 서 있는 본인의 처지를 어떻게 생각합니까?
피고인 이런 혐의를 받게 된 데에는 책임이 있다고 생각합니다. 공직자로서 반성해야 할 부분이 있습니다. 국가 공무원에 대한 신용을 깨뜨린 것에 대해 대단히 죄송하게 생각합니다. 부끄럽고 애석합니다.

그러면서도 니시다 전 심의관은 "법을 위반하지 않았다"고 주장했다. 아내의 부탁을 받고 증권회사에 주문을 넣었을 뿐, 본인이 거래한 것이 아니라는 것이다.

니시다 전 심의관은 법정에서 다음과 같이 설명했다.

자신의 아내는 미국공인회계사 자격을 가진 커리어우먼이었는데, 집안 사정으로 2007년부터 전업주부가 되었다. 그러나 전 심의관 자신은 언제나 일에 빠져서 살았다. 마침 해외출장과 술자리가 많았던 시기라 말싸움이 끊이지 않았다.

"아내의 부탁을 무시하면 가정이 무너질까 싶어 주식거래를 거절할 수 없었습니다."

그리고 변호인은, 무엇보다 이 주식거래가 처음부터 내부자 거래에 해당하지 않았다고 역설했다.

2009년 2월 언론은 일제히 '엘피다가 공적 지원을 받을 것'이라고 보도했다. 검사가 기소한 니시다 전 심의관의 주식매매는, 보도가 된 이후인 5월의 일이다. '엘피다 구제'는 이미 누구나 다 알고 있는 사실이었고, 설사 아내의 부탁이 아니라 니시다 전 심의관 본인의 생각에 따라 주식을 거래했다고 해도 '비밀을 알고 한 매매'가 아니었다는 주장이다.

변호인은 최후변론에서 이같이 호소했다.

"공직자인 피고인이 자신이 맡은 업계의 기업 주식매매에 관

계했다는 사실을 괘씸하게 생각하고, 이로 인한 감정적 가치판
단으로 죄를 묻는 것은 법치국가에 어울리지 않는 난폭한 행동
입니다. 이 사건에서 문제가 되는 것은 내부자거래인가 아닌가
하는 것입니다. 냉정한 판단을 바라는 바입니다."

검사의 구형은 징역 1년 6월에 벌금 100만 엔과 추징금 1,000
만 엔이었다.

추가기록

도쿄 지방법원은 피고인에게 징역 1년 6월에 집행유예 3년을 선고하고, 벌금
100만 엔과 추징금 1,031만 엔을 부과했다. 피고인은 항소했지만 기각되었고,
피고인은 다시 대법원에 상고했다.

집착, 그리고 파국

2013.5.30.

처음 만난 건 나고야 시名古屋市의 대형 공중목욕탕에서였다. 3명을 살해한 흉악범죄는 여기서부터 시작되었다.

5월 23일, 도쿄 지방법원에서 사형선고를 받은 피고인 후카가와 아키오(深川章緖, 47). 검사는 공소장과 모두진술을 통해 사건의 구도를 이렇게 설명했다.

동성애자인 피고인은 대형 공중목욕탕에서 우연히 만난 연하의 남성과 사랑에 빠졌다. 두 사람은 나고야 시에 있는 피고인의 집에서 동거를 시작했으나, 피고인의 폭언과 폭력을 견디지 못한 연하의 남성은 2010년 야마가타 시山形市에 있는 자신의 집으로 도피했다. 피고인은 그의 뒤를 쫓았다. 두 사람이 만나지 못하는 것이 그의 부모 때문이라고 생각했다. 그해 10월,

피고인은 남성이 그 가족과 경영하는 염색공장에 불을 질렀다. 그리고 가까이에 위치한 본가에도 불을 질러, 방에서 자고 있던 그의 부모가 불에 타 죽었다.

그리고 4개월 후인 2011년 2월, 피고인은 같은 나이의 또 다른 남성과 사귀기 시작했다. 그 역시 피고인의 폭언을 견디지 못해 도쿄에 있는 자신의 집으로 도망쳤지만, 피고인은 스토커처럼 계속 쫓아다녔다. 같은 해 11월, 피고인은 그의 아파트에서 그 어머니를 끈으로 묶고 감금한 다음, 준비해간 애완견용 간이 풀장을 머리에서부터 씌우고 불을 붙인 숯을 그 안에 넣어 일산화탄소중독으로 살해했다.

피고인을 이다지도 잔인한 범행으로 내몬 것은 무엇일까? 얼마나 흉악하게 생겼을까? 5월 9일부터 시작된 재판원재판의 방청석에서 그를 찾았다.

피고인은 청색 넥타이에 양복, 가죽구두 같은 샌들을 신고 있었다. 신문에 답하기 위해 증언대 앞에 앉은 피고인의 인상은 짐작과는 전혀 달랐다. 조금의 움직임도 없이 작은 목소리로 조근조근 말을 이어나가는데, 무엇보다 교제했던 남성에 대한 마음을 솔직한 언어로 풀어나가는 태도는, 조신하게까지 느껴졌다.

피고인의 증언은 다음과 같다.

2008년 10월 나고야의 대형 공중목욕탕에서 야마가타 출신의 한 남성이 먼저 말을 걸어왔다. 그날부터 교제가 시작되었고, 두 사람은 나고야에 있는 피고인의 집에서 동거를 시작했다. 그런데 피고인은 뭔가 마음에 들지 않는 일이 있으면 바로 남성을 때렸고, 때로는 7시간 이상 욕설을 퍼부었다. 이를 견디지 못한 남성은 2010년 5월 부모를 돌보고 가사를 도와야 한다는 이유로, 피고인에게서 도망치듯 야마가타의 집으로 돌아갔다.

피고인은 남성에게 수차례 전화를 하고 끊임없이 문자메시지*를 보냈지만 연락이 닿지 않았다. 남성은 급기야 메시지 주소를 바꾸어버렸다. 같은 해 9월, 피고인은 남성을 직접 만나기 위해 차를 몰고 야마가타로 갔다.

야마가타로 가는 도중 "다시 그를 만날 수도 있다는 생각에 가슴이 두근거렸"고 집을 찾아 만났을 때는 "너무 기뻤다". 남성이 피고인을 가업인 염색공장으로 안내하자, 피고인은 '그가 만든 물건이 갖고 싶어서' 뭔가 구매할 수 있는 물건을 찾았다.

"이거 가져요."

남성은 피고인에게 헝겊을 선물했다.

• 일본에서 문자메시지를 주고받기 위해서는 휴대전화 번호 외에 별도의 주소가 필요하다.

다음 날은 미야기 현宮城県에서 가장 경치가 좋다는 마쓰시마
松島를 방문했다. 피고인은 말했다. "그가 안내해주어서 고마웠
습니다. 변함없이 그를 사랑하고 있었습니다." 두 사람은 피고인
이 운전하는 차로 오사카까지 갔고, 단골 게이바에도 갔다. 6일
동안 함께 지냈다. 남성이 야마가타로 돌아간 그날, 피고인에게
문자메시지가 도착했다. 새 메시지 주소를 알려준 것이다.

"여러 가지로 고마웠습니다."

피고인은 즉시 답신을 보냈다.

"1주일 동안 꿈만 같은 시간이었습니다. 아직도 눈물이 멎지
않지만 더 강한 사람이 되도록 노력하겠습니다. 정말 행복한 시
간이었습니다."

하지만 피고인이 '행복한 시간'이라고 표현한 6일에 대해, 남
성은 달리 이야기했다. 증인으로 출석한 남성은, 반항하면 무슨
짓을 할지 모른다는 공포 때문에 따랐을 뿐이라고 증언했다.

검사 정말 만나고 싶지 않았습니까?

남성 물론입니다.

나고야로 돌아온 지 8일 후, 피고인은 남성의 목소리가 듣고
싶어서 전화를 걸었으나, 남성은 받지 않았다. 화가 난 피고인

은 염색공장에 불을 질러야겠다고 마음먹었고, 다음 날 폴리탱크에 휘발유를 가득 채워 야마가타 시로 향했다. 그리고 그날 밤 불을 질렀다.

체포된 피고인은 2012년 3월, 경시청 하라주쿠 서原宿署 유치장에서 목을 매 자살을 시도했고, 일시적으로 의식불명에 빠졌다. 유서에는 남성에 대한 구구절절한 마음을 남겼다.

'자주 다투기는 했지만 벚꽃 구경을 하고 해수욕과 온천에 갔던 즐거운 기억만 남아 있습니다. 야마가타에서 함께 여행했을 때는 정말 행복했습니다.'

이토록 순수한 '사랑의 마음'을 말로도 충분히 전할 수 있으면서, 왜 상대를 집요하게 따라다니고 궁지에 몰아넣으며 흉행까지 감행했을까?

공판이 끝날 때쯤 판사가 "야마가타와 도쿄 살인사건의 최대 원인은 무엇이라고 생각합니까?"라고 묻자, 피고인은 "고집이 세고 방자한 성격 때문"이라고 답했다. 하지만 그것이 과연 살인으로 이어질 정도로 상대에게 집착한 이유라고 할 수 있을까? 공판에서는 이런 비정상적 지배욕에 대해서는 정면으로 접근하지 못했다.

피고인에게는 아내가 있었다. 그의 아내 기미(希美, 44)는 피고인이 동성애자라는 사실을 알면서도, 2002년 그와 '서류상 부부'가 됐다. 그녀는 도쿄 사건에서 살인죄의 공범으로 기소되어 징역 18년을 확정받았다. 아내에 대한 판결에서, 피고인이 폭력을 사용해 아내를 살인사건에 가담시켰다는 사실이 인정되었다.

피고인의 재판에 모습을 드러낸 아내는 증인 신문에서 이렇게 말했다.

"(피고인은) 혼자 있는 것을 매우 싫어합니다. 외로움을 견디지 못하는데, 그 마음을 전달하는 방법을 모릅니다. 애정 표현을 어떻게 해야 하는지 모르는 채 어른이 된 것 같습니다. 불쌍하다고 생각합니다."

매일같이 법정을 찾아 피고인을 보았지만, 그의 진짜 맨얼굴은 볼 수 없었다. 상황이 조금만 달랐더라도 사건을 피할 수 있지 않았을까. 그런 생각이 드니 견딜 수 없었다.

피고인은 도쿄 사건에 대해서는 공소사실을 인정했지만, 야마가타 시 사건에 대해서는 살의를 부인하며 말했다. "공장만 태울 생각이었습니다. 근처 집 안에 부모님이 계신지는 몰랐습니다."

추가기록

도쿄 지방법원은 사형을 선고했다. 도쿄 고등법원은 항소를 기각했고, 피고인
은 대법원에 상고했다.

가짜 의사, 쉽게 만들 수 있었다

2013.6.20.

가짜 의사가 100회 이상 허위 건강진단을 되풀이했다.

"의료기관과 사회에 막대한 손실을 끼친 점, 죄송하게 생각합니다."

2009년부터 3년간 도쿄, 가나가와神奈川, 나가노長野의 병원에서 의사 행세를 하며 약 2,500만 엔의 급여를 받는 등 의료법 위반과 사기 등으로 기소된 피고인 시라카와 료(白川諒, 44)는 기소 내용을 모두 인정했다. 재판은 6월 5일 도쿄 지방법원에서 마지막 심리를 끝냈다. 그렇다고는 해도 국가 자격인 의사 행세를 그렇게 쉽게 할 수 있는 것일까.

"언제 탄로날까 늘 조마조마했다. 실은 체포됐을 때 안심이 됐다."

피고인 자신도 그렇게 생각하고 있었다라고 변호인이 법정에서 밝혔다.

어떤 수법이었을까?

검사와 변호인에 따르면, 피고인은 2009년 5월 한 헤드헌터가 운영하는 인터넷 사이트를 발견했다. 의사만을 위한 아르바이트 소개 사이트였다.

이름과 경력을 입력해야 하는 그 사이트에, 피고인은 자신의 이름을 그대로 사용해서 '의사'라고 등록할 생각이었다. 후생노동성 사이트의 '의사검색 시스템'을 이용해 이름을 검색해보았지만 동성동명은 없었다.

어쩔 수 없이 '시라카와'라는 성씨만 가지고 의사 행세를 하기로 하고, 시라카와 성씨를 가진 의사를 검색하니 한 사람의 경력이 떴다. 피고인은 그 의사의 학력을 훔쳐, 모 의과대학의 의학부를 졸업했다고 해당 사이트에 등록했다.

헤드헌터에게서 곧장 연락이 왔고, 담당자는 의사면허증 사본을 가지고 오라고 했다.

역시 인터넷을 통해 어렵지 않게 의사면허증 사본 파일을 찾을 수 있었다. 피고인은 파일을 다운로드해서 인쇄하고 자신의 이름을 적어넣은 다음, 위조한 것이 드러나지 않도록 다시 복사해서 흐릿하게 만들었다.

손으로 만든 의사면허증이지만, 헤드헌터에게도 이어서 소개받은 병원에서도 탄로나지 않았다.

헤드헌터에게는 도쿄 도 내의 유명한 병원 이름을 대며 그곳에서 정신과의사로 일한 적이 있다고 거짓말했다.

피고인은 담당자에게 "원장직을 맡아보지 않겠냐"는 제의까지 받은 적이 있다고 한다.

의사면허증 원본을 제시하라고 요구하는 병원도 있었으나, 그런 곳은 거절했다. 반면 사본조차 요구하지 않는 병원도 있었다. 변호인은 병원의 관리 소홀에도 문제가 있었다고 호소했다.

이에 대해 검사는, 고도의 전문성을 요구하는 의사 행세를 했다는 것은 상상 밖의 일이라며 비판했다.

피고인이 처음부터 의사만 고집한 것은 아니었다.

의사 행세를 하기 직전에는 간호사양성전문학교에서 강사로 일했는데, 이 전문학교에 취직을 할 때도, '대학에서 간호학을 전공했다' '간호사로 일하고 있다'고 거짓말을 했다.

"어쨌든 생활비를 벌어야 했습니다."

모든 거짓의 동기는 '안정된 수입'이었다고 변호인은 설명했다.

돈 욕심이 많은 전처가 고액의 생활비를 요구해서 궁지에 몰리고 있었다고 반복해서 주장했다.

피고인이 전처와 만난 것은 대학교를 중퇴한 후였다. 그녀를 위해 피고인은 학원 강사, 가정교사, 광고전단 붙이기, 성매매업소의 운전기사, 복지 센터의 심야근무 등, 밤낮으로 아르바이트를 했다.

많게는 월 160만 엔까지 벌기도 했지만, 전처는 만족하지 않았다고 변호인은 강조했다.

2003년 딸이 태어났다. 안정된 직장을 얻기 위해 이것저것 알아보다가 물리치료사가 되기 위해서 전문학교를 다니기 시작했으나, 졸업 준비를 하면서도 아르바이트를 해야 했기 때문에 공부할 시간이 부족해 결국 국가시험은 포기했다.

이후 간호사양성전문학교에서도 인원 감축을 이유로 해고되었는데, 당시 전처가 말했다.

"가짜 의사라도 해봐."

피고인은 이 말을 '그 방법밖에 없다'고 받아들였다.

"전처에게 너무 쉽게 휘둘렸습니다. 사랑하는 사람을 위해서라면 어떤 바보짓이라도 해야 한다고 생각했던 것입니다."

변호인은 이렇게 주장하며 정상참작을 요구했으나, 검사는 비판했다.

"의사 행세를 해서 얻은 돈은 전처만이 아니라 피고인 자신을 위해서도 사용했습니다. 전처가 요구했다는 점을 유리하게 이용해서는 안 됩니다."

검사는 사회의 의료기관에 대한 신뢰를 깬 악질 범행이라는 점을 지적하며 징역 5년에 벌금 200만 엔을 구형했다.

피고인은 짧게 자른 머리에 흰 셔츠 그리고 검은 바지 차림으로 최종진술을 했다.

"죗값을 치르고 바른 판단력과 가치관을 가진 사람으로 사회에 복귀하고 싶습니다."

변호인이 말을 더했다.

"피고인은 구류 중, 함께 있던 다른 용의자와 피고인들이 자신의 죄를 타인과 환경 탓으로 돌리는 것을 보고 '전처 탓으로 돌린다면 나도 같은 인간'이라는 사실을 깨닫고 반성하고 있습니다."

추가기록

도쿄 지방법원은 징역 4년에 벌금 200만 엔의 판결을 선고했고, 형을 확정했다.

결혼사기, 8명을 속인 수법

2013.7.23.

어느 날은 교사 '미자와 고우타三沢幸太', 어느 날은 스포츠 트레이너 '고마쓰 간구로小松勘九郎' 그리고 어느 날은 출판사 직원 '이시카와 야스노리石川泰紀'.

직업과 이름을 계속 바꾸어가며, 결혼을 빌미로 독신 여성 8명에게서 총 1,250만 엔을 편취한 사기 혐의로 기소된 피고인 야마타니 히데유키(山谷秀行, 38)는 도쿄 지방법원의 법정에서 공소사실을 모두 인정했다. 밝혀진 수법은 아래와 같다.

피고인은 '미자와 고우타'라는 이름으로 참가한 결혼정보회사의 '만남주선파티'에서 29세의 여성과 만나 곧바로 약혼했다.

"너무 바빠서 신혼여행을 갈 수 있을지 모르겠습니다. 신혼여행을 독일 여행으로 대신합시다."

2011년 8월, 이렇게 말하며 피고인은 여성에게 숙박비와 여비로 28만 엔을 여행사에 근무한다는 대학 선배의 계좌로 입금하게 했다. 그러나 이 계좌는 대학 선배의 것이 아니라 피고인 어머니의 것이었고, 계좌의 명의는 어머니의 실명으로 되어 있었다.

며칠 후 피고인은, "다음 달 월급은 모두 당신에게 맡길 테니, 우선 내 여행비를 대신 내줄 수 있을까요?" 하며 자신의 여행비 28만 엔도 여성에게 입금하게 했다.

그다음 달에는 "결혼하면 좀더 넓은 집에서 삽시다. 계약금의 일부만 좀 빌려주시오"라며 130만 엔을 요구했다.

물론 처음부터 여행을 갈 마음도, 아파트를 살 생각도 없었다.

비슷한 수법으로 피해를 입은 이들은 28세부터 40세까지의 여성이었다. 돈을 요구하는 핑계는 대부분이 여행 또는 주택 구입이었다. 간혹 "안과 치료를 받지 않으면 실명한다고 하니 오늘 중으로 병원에 가야 합니다. 보험이 안 돼서 30만 엔이 필요합니다"라는 식으로 동정을 사서 접근하는 경우도 있었다.

변호인 직업을 속일 때 교사라고 한 적이 많았네요.

피고인 직업을 속이면서, 여성은 인격보다 직장을 중요시한다는 사실을 알았습니다. 그래서 안정된 교사직을 택했습니다.

여성에게, 자신의 부모가 숙박업소를 경영하고 있다고 말한 적도 있었다.

피고인 나는 돈이 없지만 부모님은 돈이 있다고 믿게끔 하기 위한 목적이었습니다.

변호인 동시에 여러 명의 여성과 만나면서 가짜 직업과 이름을 혼동하는 일은 없었습니까?

피고인 딱히 없었습니다.

피고인은 너무나 쉽게 말했다. 여성들은 대체 어떻게 그렇게 속은 것일까.

피고인은 신장 185센티미터의 탄탄한 체격에다 얼굴도 반듯했다. 법정에는 상하 운동복 차림으로 나타났는데, 정말 '건실한 학교 선생님'처럼 보였다.

변호인에 따르면, 피고인은 고등학교 졸업 후 이벤트 아르바이트를 하거나 주류 판매, 노점상 등 다양한 일을 해왔다. 그런데 점점 자금 회전이 어려워지자, 10년 전부터 아는 여성들에게 돈을 빌리기 시작했다.

돈을 갚지 못하자, 인터넷상에 '고발 게시판'이 만들어졌다. '야마타니 히데유키 피해자의 모임'에서 돈을 빌려준 여성들끼리 정보교환을 하기 시작했다.

이때까지만 해도 피고인은, 돈을 빌리기만 했을 뿐 누군가를 속일 생각은 없었다. 그런데 인터넷상에 '야마타니 히데유키 사기'라는 글이 떠돌아다니는 바람에 실명으로 일을 하기가 어려워졌고, 그래서 어쩔 수 없이 결혼사기로 생계를 잇게 되었다.

변호인 여러 방법이 있었을 텐데 왜 하필이면 결혼사기였습니까?
피고인 돈을 구할 수 있는 가장 쉬운 방법이었습니다.

사건 피해자 중에는 피고인의 아이를 임신했다가 자신이 속은 것을 알고 중절수술을 한 여성도 있었다.

피고인 당시에는 그렇게 나쁜 일이라고 생각하지 못했습니다.
지금은 말로 표현할 수 없을 만큼 반성하고 있습니다.

피해자 8명 전원에게 합의를 요청했지만 이를 받아들인 건 한 사람뿐이었다. 합의금은 350만 엔이었는데, 피고인의 어머니가 10만 엔을 지불하고 나머지는 지불할 엄두조차 내지 못하고 있다.

호텔에서 일하던 어머니는 피고인이 체포된 후 직장을 잃었다. 호텔은 결혼식장으로도 이용되기 때문에, 상사에게 그만두기 바란다는 말을 들었다고 한다.

어머니는 새 일을 찾았지만 연금을 더해도 월수입 15만 엔 정도에 불과하다. 어머니는 그 돈으로 생활하며 아들 대신 합의금 교섭과 변제를 하고 있다.

"여자라면 누구나 결혼에 대해서 큰 꿈을 가지고 있을 텐데, 정말 죄송합니다."

증인으로 법정에 출석한 어머니는 떨리는 목소리로 사죄했다. 어머니의 모습을 피고인은 조용히 지켜보고 있었다.

검사는 7월 12일, 징역 7년을 구형했다.

추가기록

도쿄 지방법원은 징역 6년의 판결을 선고했고, 형을 확정했다.

운반책이 된 할머니

2013.8.26.

할머니가 대만에서 가지고 들어온 물건은 각성제였다. 약 1킬로그램, 추정 가격은 6,400만 엔 정도다. 손녀가 가장 사랑하고 따르는 61세 할머니는 왜 폭력단 간부의 의뢰를 거절하지 못하고 운반책이 되었을까.

검사 일을 의뢰받은 후, 딸이나 경찰과 의논할 수는 없었습니까?

피고인 의논이고 뭐고 점점 빠져들어서 눈 깜짝할 사이에 떠나게 되었습니다.

7월 말, 도쿄 지방법원에서 피고인 신문이 있었다. 피고인은 희끗희끗한 머리를 뒤로 묶고 고개를 숙인 채 작은 목소리로 답했다. 법정에 선 모습은 어디에서나 볼 수 있는 연배의 여성이었다.

재판원재판에서 밝혀진 사건의 경위를 따라가보면 다음과 같다.

피고인 미쓰무라 가요코(光村加代子, 61)가 오래전부터 알고 지내던 폭력단 간부에게 각성제 밀수 건으로 제안을 받은 것은 2013년 1월의 일이다. 남편이 간부에게 진 빚이 있었다. 600만 엔인데, 운반책이 된다면 더 기다려줄 수 있다고 했다.

2월, 이런 상황을 전혀 모르는 친구 한 명을 데리고 대만으로 여행을 떠났다. 폭력단 간부에게서 2명의 항공권과 현금 550만 엔을 받았다.

대만에 도착한 피고인은 폭력단 간부와 연결되어 있는 밀매 조직 사람과 만났다. 현금 550만 엔을 모두 전달하고 대신 선물처럼 포장한 각성제 987그램을 받았다. 대략 32,900회 정도는 투약할 수 있는 분량이었다.

3박 4일 여행을 마치고 귀국하는 날, 선물을 가방에 넣어서 친구에게 맡겼다. 타이베이 쑹산 공항은 무사히 통과했으나, 도쿄 하네다 공항에서 세관직원이 불러세웠다.

피고인은 법정에서 이 사실을 모두 인정했다.

검사 피고인도 각성제의 무서움을 알고 있었을 텐데요.

피고인 우리 집을 망하게 한 것이니, 얼마나 무서운 것인지 잘 알고 있습니다.

피고인은 일찍이 각성제를 소지·사용·양도하여 총 6번 복역했다.

변호인의 증인으로 차녀가 법정에 출석했다.

차녀 예전에는 딸인 저도 무서워서 어머니 곁으로는 가지 못했습니다. 그런데 13년 전 마지막 복역을 마치고 어머니는 많이 달라졌습니다. 성격이 둥글둥글해지고 이제까지 엄마로서 못했던 일을 할머니로서 하려고 하는 것 같았습니다.

차녀 일가는 피고인의 바로 옆집에 살고 있다. 6살 손녀는 할머니를 잘 따르고 좋아한다. 매일 유치원으로 아이를 데리러 가는 것도 피고인의 일이다.

2013년 7월 7일, 유치원에서는 칠석제 행사*를 위해 모든 아

• 일본에서는 양력 7월 7일, 종이에 소원을 적어 대나무에 매다는 행사를 한다.

이들에게 소원을 적을 종이를 나누어주었다. 선생님이 "소원을 2개씩 적어오세요"라고 했는데, 손녀는 하나면 충분하다고 했다.

할머니를 '할미'라고 부르는 손녀는, '할미가 내일 집으로 돌아오기를 기도한다'라고만 적었다.

지금 한창 사춘기 중학생인 13살짜리 또 한 명의 손녀가 마음을 열고 대화하는 유일한 사람도 피고인이다. 할머니가 체포된 후 아이는 몹시 침울해졌다고 한다.

딸이 눈물을 흘리며 그런 손녀들에 대해 이야기하는 동안, 피고인은 계속 고개를 숙이고 있었다.

검사는 피고인을 엄하게 지탄하고, 징역 8년을 구형했다.

"밀수하려 한 각성제는 대량이었고, 다수의 사람이 역할을 분담한 조직적 범행이었습니다. 피고인은 각성제의 위험성에 대해 제대로 인식하지 못했을뿐더러, 법을 지키고자 하는 의식 역시 현저하게 부족합니다. 상황을 전혀 모르는 친구에게 들고 들어오게 하는 수법도 교묘했습니다."

이에 대해 변호인은 다음과 같이 변론했다.

"체포 직후 폭력단과 인맥이 있는 변호사가 피고인의 변호를 맡았으나, 피고인은 이를 거절하고 국선 변호인을 택해 진실을 밝히고자 했습니다. 그 덕분에 검찰은 범죄조직을 적발할 수 있었습니다."

변호인은 재판원들에게도 호소했다.

"폭력단 간부에게 쫓겨 숨을 곳을 잃은 사람을 상상해보시기 바랍니다. 전과가 있다고 하지만 10년 전의 일입니다."

재판장 마지막으로 할 말이 있습니까?

피고인 친구와 그 가족을 힘들게 했습니다. 죄송합니다. 해서는 안 되는 일이었습니다. 세관에서 발견해주셔서 구제되었다고 생각합니다.

8월 2일, 피고인은 징역 6년의 실형 판결을 받았다. 피고인은 항소하지 않았고, 판결은 그대로 확정되었다.

피고인에게 밀수를 지시한 폭력단 간부는 피고인의 진술에 따라 기소되어 8월 7일 판결을 선고받았다. 징역 9년에 벌금 600만 엔이 확정되었다.

인권변호사의 몰락

2013.9.5.

이름난 인권변호사가 지금 피고인이 되어 후쿠오카福岡 지방법원의 법정에 서 있다.

변호인 변호사가 되었을 당시, 당신은 어떤 변호사가 되고 싶었습니까?

피고인 피해자의 입장에 선 변호사가 되겠다고 생각했습니다.

기타큐슈 시北九州市의 사토 가즈아키(佐藤和明, 67)는 변호사 자격을 상실했다. 피고인은 의뢰인 여성의 돈 4,400만 엔을 편취했다는 사기죄, 또 다른 의뢰인 3명의 돈 약 1,370만 엔을 유용했다는 업무상 횡령죄로 기소되었다.

피고인 신문에 따르면, 변호사 인생은 다음과 같이 시작되었다.

사법시험에 합격한 피고인은 후쿠오카 시에서 수습기간을 보냈다. 당시 공해병의 하나인 미나마타 병* 문제를 다루는 변호사를 만나 현지를 찾아다니면서 환자를 만나고 조사했다.

　피고인은 일본 최대의 식품 공해라는 가네미유 사건 조사에도 관여했다.

　1972년에 변호사가 되자마자 곧장 가네미유ヵネミ油 사건 피해자의 변호인단에 들어간 피고인은 나가사키長崎의 고도열도五島列島와 기타큐슈, 야마구치山口의 환자들을 만나러 다녔다.

　"가네미유 사건은, 가네미가 PCB(폴리염화비페닐)를 섞은 식용유를 제조한 사건입니다. 이 식용유로 만든 음식을 먹은 사람들은 피부병, 간질환, 신경장애 등의 증상을 호소했습니다."

　피고인 신문에서, 변호인이 당시의 일에 대해 묻자 피고인은 열변을 토했다.

　같은 사무소에서 일했던 변호사가 2013년 5월, 증인으로 출석했다.

　"꼼꼼한 성격에다 열정적인 사람이었습니다."

　8월 5일에는 아내까지 증언대에 섰다.

• 1956년 구마모토 현 미나마타 시에서 발생한 수은 중독에 의한 공해병. 사지 마비나 언어 장애 등이 나타났다.

"바빠서 많이 힘들어했습니다. 그래도 돈을 위해서 하는 것이 아니라고 말했습니다."

주변의 신뢰도 두터웠다. 후쿠오카 변호사회의 부회장 등을 역임했고, 2004년에는 규슈·오키나와 각 현의 변호사회에서 만든 '규슈 변호사회연합회(규슈연)' 이사장으로 취임했다.

"모두들 한뜻으로 가장 적합한 사람이라고 했습니다."

선배 변호사가 말했다.

그런데 이것이 전락의 방아쇠가 되었다.

이사장의 일은 바빴다. 변호사가 도심에만 집중되어 있는 변호사 과소過疏 문제 등에 신경을 쓰다보니, 정작 본업인 변호사 일에는 소홀해질 수밖에 없었다.

개인 사무소의 경영은 어려워졌다. 전년까지 1,000만 엔을 넘던 소득이, 2004년에는 600만 엔 대로 떨어졌다.

피고인은 서서히 의뢰인의 돈에 손을 대기 시작했다.

사무실 경비를 메우기 위해서 의뢰인의 돈을 사용했고, 이를 메우기 위해 또 다른 사람의 돈을 끌어왔다. 이렇게 돌려막는 악순환은 끊어지지 않았다.

피고인 나중에는 어떻게 되겠지, 하고 가볍게 생각했습니다.

2010년에는 암이 발견되었다. 치료 때문에 일을 거의 하지 못했다.

드디어 후쿠오카 변호사회에 민원이 들어왔고, 변호사회는 조사를 시작했다. 2012년 10월 25일, 변호사회는 기자회견을 열어 이 문제에 대해 발표했다.

"변호사 사토 가즈아키가 4,400만 엔을 편취했습니다."

피고인을 아는 변호사들 사이에서는 충격적인 일이었다.

"사토 가즈아키가 설마……"

다음 날인 26일 아침, 피고인은 집으로 배달된 조간신문에서 자신에 대한 불미스러운 기사를 읽었다. 이날은 '규슈 변호사회 연합회'에 참석해서, 재직 40주년을 기념하는 표창을 받기로 예정된 날이었다.

그로부터 5일 후, 피고인은 체포되었다.

변호인 왜 지인들과 상의하지 않았습니까?

피고인 저의 수치를 드러내고 싶지 않았습니다. 자존심 때문이었습니다.

선배 변호사는 증인 신문에서 애석함을 감추지 못하고 말했다.

"이런 어리석은. 어떻게 이런 짓을……. 왜 더 빨리 말하지 않았는지 화가 납니다."

피고인은 지금 후쿠오카 구치소에서 통원하면서 치료를 받고 있다. 항암치료 때문에 머리카락은 모두 빠졌다.

그래도 법정에서 피고인은 변호인의 질문에 또렷한 목소리로 답했다.

갓 태어난 손자에 대해서 이야기할 때만이, 순간 흐트러졌다.

피고인은 입을 다물고 하늘을 쳐다보았다.

"피해자들에게 대단히 죄송합니다."

추가기록

후쿠오카 지방법원은 2013년 12월 징역 5년의 판결을 선고했고, 형을 확정했다.

미안해, 더 이상은 키울 수가 없어

2013.11.6.

출산 중 사용한 피범벅이 된 수건으로 갓 태어난 아이의 머리를 덮었다. 질식사시킬 생각이었다. 1분, 2분……. 꼬물꼬물 움직이는 작은 발. 불쌍했다. 여자는 수건을 치웠다.

딸아이를 죽여 집 뒷마당에 버리려 한 하야시다 나쓰코(林田奈津子, 34, 무직)는 살인미수 혐의로 기소되었다. 나가사키 시에 거주하는 피고인은 10월 15일에 시작된 나가사키 지방법원의 재판원재판에서 공소사실을 인정하고, 시종 고개를 숙인 채 당시의 상황을 작은 목소리로 말했다.

피고인 머릿속이 너무 복잡했습니다. 죽여야지, 버려야지…… 그 생각밖에 없었습니다.

4월 24일 아침, 평상시와 똑같이 아이들을 어린이집에 데려다주고 돌아오는 길에 피고인은 갑자기 진통을 느꼈다. 집으로 돌아온 후, 오전 11시 30분경 양수가 터졌다. 욕실에 수건을 깔고 혼자서 출산을 준비했다.

　30분 후, 울음소리가 들렸다.

피고인　너무 귀여웠습니다. 정말 그렇게 생각했습니다.

　하지만 동시에 남편에게 중절수술을 했다고 거짓말을 한 사실과, 경제적으로도 체력적으로도 더 이상 아이를 키울 여유가 없다는 사실이 머리에서 맴돌았다.

피고인　죽일 수밖에 없다고 생각했습니다.

　그리고 갓난아이에게 수건을 덮어씌웠다.

변호인　더 확실하게 죽여야겠다고는 생각하지 않았습니까?
피고인　제 손으로 죽음으로 빠뜨릴 수는 없었습니다.

　탯줄을 자르고 갓난아이에게 묻은 피를 물로 씻어내렸다.

어딘가에 버릴 수밖에 없었다. 갓난아이를 담요에 싸서 배낭에 넣었다. "미안하다, 미안하다" 몇 번이고 말했다. 오후 1시경 두 팔로 안고 나가 뒷마당 덤불에 버렸다.

변호인 땅에 묻어 완전히 숨길 생각은 하지 않았습니까?
피고인 가능하다면 누군가가 구해주기를 바랐습니다.

슬픈 바람이었다. 바깥기온은 16도. 쌀쌀했다. 죽을지도 모른다는 생각은 충분히 하고 있었다.

집에 들어가고 얼마 지나지 않아 갓난아이의 울음소리가 들렸다.

피고인 추울까, 힘들까…… 여러 가지 생각이 들었습니다.

오후 3시경, 초인종이 울렸다. 프로판가스를 교환하러 와 뒷마당 주변에 있던 가스업자였다. "아기 울음소리가 들리네요." 가스업자는 그렇게 말하고는 직접 경찰에 신고했다.

경찰관과 구급대원이 왔다. 갓난아이의 체온은 34.9도까지 떨어져 있었다. 저체온증이었지만 그래도 살았다.

피고인 가스업자께 감사드립니다.

갓난아이는 피고인과 남편 사이에서 태어난 여섯째 아이였다. 왜 죽이려고 했을까?

부부는 2003년에 결혼, 이듬해 첫째가 태어났다. 그다음 해에는 둘째가 태어났고, 2009년에는 넷째아이가 태어났는데, 이후 생활이 어려워졌다.

남편의 수입은 월 15만 엔 정도. 아이들 앞으로 나오는 수당을 생활비로 돌리고, 남편이 월급을 가불해왔지만 전기요금마저 연체될 정도였다.

아이들 식비도 부족한 나날이 이어지면서 남편에게 상의했지만, 아이들 일까지 신경쓰기가 힘들다고 했다.

남편은 더 이상 자식은 필요없다고 하면서도 피임도 하지 않고 잠자리를 청했다. 성격이 급하고 평상시 화를 잘 내는 남편에게 피임을 요구하지는 못했다.

2010년 다섯번째 아이를 가졌다. 남편은 아이를 없애라고 일방적으로 지시했지만, 피고인은 뱃속의 아이를 낳고 싶었다. 남편에게는 수술했다고 거짓말을 하고 2011년 3월 병원에 숨어들어가 출산을 했고, 남편은 왜 거짓말을 했냐고 질타했다.

그러고도 남편은 피임을 하지 않았다. 2012년 여름, 결국 여

섯번째 아이를 임신했다. 남편은 또다시 수술하라 하며, 육아
수당을 수술비로 쓰라고까지 했다.

피고인은 수술을 했다고 거짓말했다. 배가 점점 불러오자 변
비라고 둘러댔다.

생활은 더 궁핍해졌고, 수도요금마저 4개월이나 연체되었다.
초등학교에서 모금하는 200엔 정도도 못 낼 정도였다. 피고인
은 가계를 지키기 위해서 출산 2개월 전까지 보험회사에서 일
했다. 가사와 육아 모두 혼자서 도맡았다.

법정에서는, 이 집의 생계를 걱정한 시청 직원이 몇 번이고
집을 방문한 적이 있었다는 사실이 밝혀졌다. 직원이 피고인에
게 임신 사실을 물어본 적도 있었다. 임신한 아이를 기를 수 없
는 사정이라면, 아동상담소로 연결해서 친정이나 시설에 맡기
는 일도 가능했기 때문이다.

그러나 남편이 두려웠던 피고인은 역시 변비라고 거짓말을
했고, 증인으로 법정에 출석한 남편은, 모든 일을 부인에게만
맡기고 있었다고 반성했다.

남편 아이를 없애라고 한 것은 잘못이었습니다. 아내가 돌아온
다면 조금이라도 부담을 줄일 수 있도록 노력하겠습니다.

갓난아이는 그사이 6개월이 되었고, 시설에서 잘 자라고 있다.

피고인 지금은 후회밖에 없습니다. 언젠가 6명의 아이와 함께 사는 것이 꿈입니다.

변호인 나중에 (갓난아이가) 이 사실에 대해 알게 될 수도 있습니다.

피고인 용서를 받을 수 있다고는 생각하지 않습니다. 앞으로 최선을 다해 사랑할 생각뿐입니다.

10월 17일, 검사는 아래와 같이 지적하며 징역 4년을 구형했다.
"소중한 생명을 빼앗을 수도 있는 대단히 위험한 행위였습니다."

나가사키 지방법원은 18일, 징역 3년에 보호관찰부 집행유예 5년의 판결을 선고했다. 재판장 시게토미 아키라重富朗는 형량에 대한 설명을 덧붙였다.

"사건의 배경에는 피고인의 불우한 생활환경이 있었고, 참작할 수 있는 사건 동기가 여럿 있었습니다."

정해진 기한 11월 2일 자정까지 검사도 변호인도 항소하지 않았고, 지방법원의 판결은 그대로 확정되었다.

'생생한 말'을 계속해서 전하는 이유

이토 미도리伊木綠

동성애자 남성이 애인이었던 2명의 남성에 대해 스토커 행위를 반복하고는 그들의 부모를 죽였다. 이 사건은 발생 당시 텔레비전의 와이드쇼와 주간지 등을 떠들썩하게 만들었는데, 그 사건의 재판을 방청한 일을 계기로 이 연재 기획을 시작하게 되었다.

방청석에서 본 피고인은 복용하고 있는 수면제와 정신안정제 때문인지 안색이 좋지 않았고, 눈동자는 미동도 없었다. 피고인은 증언대에 서서 나직한 목소리로, 아무 감정 없이 질문에 순순히 답했다.

잔인한 살해의 수법은 물론이고, 평소에도 화가 나면 누구도 피고인을 말릴 수 없었다. 예뻐하던 강아지를 발로 차서 계단에서 떨어뜨리고, 서류상 부부였던 아내에게 기름을 부어서 화상을 입히기도 했다. 정말 이 사람이 그런 짓을 저지른 그 사람이 맞을까?

법정에 선 증인들이 말하는 평소의 피고인의 횡포는 도저히 상상할 수 없었다. 혼란스러웠다.

재판이 모든 사건의 진상을 명백하게 밝혀주지는 못한다. 법정은 피고인과 증인들이 검사의 입증이나 변호인의 반론에 필요한 사실을 밝히는 장소에 지나지 않는다. '어떻게 이런 사건이 일어났을까?' 가장 궁금한 이 질문에 대한 답은 좀처럼 전면에 드러나지 않는다.

그렇다면, 법정에서 일어나고 있는 사건과 피고인의 디테일한 모습을 무조건 본 대로, 들은 대로, 있는 그대로 그려보자는 생각이 들었다. 보통 신문기사에서 다루는 방식은 아니다. '어떻게 이런 사건이 일어났을까'에 대한 답을 얻지 못한다 하더라도, 법정의 생생한 소리를 남기고 싶었다. 이 기획은 그런 생각에서 시작되었다. 첫 회에 나간 이 사건의 경우, 총 11번에 이른 재판원재판을 방청하고 메모한 노트만 3권에 이른다.

'재판을 보면 세상이 보인다' 같은, 그런 과장된 말은 못 하겠다. 개별적인 하나하나의 사건들을 무리하게 일반화해서 말할 수도 없다. 하지만, 법정에는 이 사회가 가진 일그러진 한 부분을 알기 위한 힌트가 굴러다니고 있는지도 모르겠다. 그 힌트들을 줍기 위해 나는 법정을 찾아 피고인과 증인들의 살아 있는 말에 귀를 기울인다.

이 사건의 재판을 판결까지 지켜본 후, 내 마음에는 '이 사람에게 더 살기 편한 사회였다면 이런 사건을 일으키지 않았을까?' 하는 생각이 남았다.

"게이인 게 싫었다. 평범하게 태어나고 싶었다."

피고인은 항상 이렇게 말했다고 증인으로 출석한 그의 아내는 말했다. 피고인은 마취제와 수면제를 손에서 놓지 않았는데, 이것이 심한 감정기복의 원인이 되었다고도 했다.

"이 사건이 발생한 것이, 약 때문이라고 생각합니까, 당신의 성격 때문이라고 생각합니까?"

판사의 질문에 피고인은 대답했다.

"반반 정도. 약을 끊을 수 있었다면 좋았을 거라고 생각합니다."

이런 증언의 조각들만으로 피고인에 대해 그리고 사건의 전말에 대해 알 수 있는 것은 아니다. '어떻게 하면 사건을 막을 수 있었을까'에 대한 답도 없다. 하지만 모든 사건은 우리가 살고 있는 사회 속에서 일어나고 있다. 재판에서 거론되는 언어를 많은 사람들과 공유하고, 각자 자기 나름의 방법으로 누구나가 살기 좋은 사회로 한 발짝 다가갈 수 있다면, 그리고 그것이 미래의 가해자와 피해자를 한 사람이라도 줄이는 일로 이어진다면 좋겠다. 나는 그렇게 생각한다.

2

자전거가 아니라
아이디어를
훔쳤더라면

자전거가 아니라 아이디어를 훔쳤더라면

2013.11.12.

한때 인기 개그맨이었던 사람이 절도 혐의로 기소되어 법정에 섰다. 웃지 못할 일들이 차례차례 밝혀졌다.

판사 직업은?
피고인 댄스 강사입니다.

9월 19일 도쿄 지방법원에서의 첫 공판, 창백하고 어두운 표정의 피고인 오시마 시게오(大島繁雄, 39)는 작은 소리로 답했다.
피고인은 사교댄스를 개그와 접목해서, 니혼TV계 인기 오락 프로그램 '엔타의 신エンタの神様' 등에 출연한 적도 있는 개그맨이었다. 지금 법정에 선 그에게서, 텔레비전에서 보았던 쾌활함은 찾아볼 수 없다.

공소사실은 타인의 고급 자전거를 허락 없이 인터넷 옥션에 출품하고, 낙찰자가 정해지면 훔쳐서 매각했다는 것이다.

재판의 한 장면.

피고인 개그맨이니 자전거가 아니라 아이디어를 훔쳤으면 더 좋았을 텐데 말입니다.

모두가 웃을 줄 알았지만 법정은 조용했다.

검사의 모두진술과 피고인 신문에 따라 사건을 거슬러올라가보면 다음과 같다.

오키나와 출신으로 22세에 상경한 피고인은, 선술집에서 아르바이트를 하면서 댄스 강사로 활약하다가 30세에 개그맨이 되었다. 장사도 시작했지만 운영이 어려워서 반년 만에 약 1,000만 엔의 빚만 남기고 가게 문을 닫았다.

그리고 2011년 11월.

피고인 교통사고 이후 우울증이 생겼습니다.

불면증에 시달리고 몸을 잘 움직일 수 없게 되자, 댄스 강사 일도 개그맨 일도 줄었다. 2012년 여름부터는 우울증이 심해져서 아무 일도 할 수 없게 되었고, 여윳돈도 없었다.

그러던 중, 피고인은 2013년 5월 어느 날, 도쿄 신주쿠 댄스 스튜디오 부근의 학원 앞에서 자물쇠를 채우지 않은 자전거 한 대를 발견했다.

피고인 비싸게 팔 수 있겠다고 생각했습니다.

먼저 사진을 찍어 인터넷 옥션에 출품하자 며칠 후 6만 4천 엔에 낙찰되었고, 피고인은 다음 날 자전거를 훔쳐서 낙찰자에게 전달했다.

6월에는 도시마 구豊島区 주택가의 마당에 세워져 있는 자전거 4대를 노렸다. 5월과 같은 수법으로 약 43만 7천 엔의 낙찰 대금을 받았다.

검찰이 기소한 내용은 이 2건에 대한 것이었으나, 법정에서 의외의 사실이 밝혀졌다. 또 다른 자전거 절도 건으로 5월 28일 이미 유죄 판결을 받았다는 것이다.

이번에 기소된 첫번째 사건은 보석 중에 저지른 것이었고, 두 번째 사건은 유죄 판결을 받은 후 2주 만에 또다시 저지른 범행이었다.

피고인 훔쳐서는 안 된다고 생각하면서도 훔쳐버렸습니다.

검사가 범행을 반복하게 된 이유에 대해 추궁하자, 피고인은
말문이 막혔다.

피고인 왜냐하면……. 음, 이상한 이야기입니다만 기억이 나지
        않습니다.

검사는 피고인이 유죄 판결을 받은 5월에 "더 이상 하지 않겠
다"고 판사 앞에서 맹세했다는 사실을 지적했다.

검사 그때는 어떤 마음이었습니까?
피고인 음…… 음…… 그러니까…….

10초의 침묵. 피고인은 작은 목소리로 말을 이었다.

피고인 다시는 범죄를 저지르고 싶지 않았습니다.

훔쳐서 얻은 돈은 생활비와 술값으로 사용했다. 일이 줄어들
고부터는 가끔 아침부터 술을 마셨고, 한밤중에 길거리를 헤매

는 일도 있었다.

피고인 훔쳐서는 안 된다는 것을 알고 있었고, 훔치고 싶지 않았습니다. 그런데 훔치고 말았습니다. 술을 마시고 한밤중에 길거리를 헤매다보면 저 자신을 컨트롤할 수 없게 되었습니다.

검사 병 때문이라고 말하고 싶습니까?

피고인 의지가 약해서일 것입니다. 술을 마시는 것도 그렇고, 범죄를 저지르는 것도 마찬가지입니다. ……자물쇠를 채우지 않은 자전거가 같은 장소에 있으면 자꾸만 훔치고 싶어집니다. 훔쳐야 진정이 됐습니다.

재판장이 끼어들었다.

재판장 진정이 되었다는 말은 마음의 갈등이 없어졌다는 뜻입니까?

피고인 그렇습니다. '훔치자'는 저와 '훔쳐서는 안 된다'는 제가 있습니다.

재판장 세상 사람들이 모두 다 그렇다고 생각합니까?

피고인 그렇다고 생각합니다.

재판장 그렇게 생각합니까?

재판장은 놀란 얼굴을 하고 다시 질문했다.

피고인 제 말이 이상한가요?
재판장 어릴 때부터 그렇게 생각했습니까?
피고인 그럴지도 모르겠습니다.
재판장 당신의 말은 이상하다고 생각합니다.
피고인 ……이상한 것 같습니다.

신경이 곤두선 듯 재판장의 질문이 이어졌다.

"세상 사람 모두가 도둑질을 하고 있습니까? 당신과 다른 점을 왜 생각하지 않습니까?"

피고인은 답을 찾지 못하고 어물거렸다.

재판에서는 어머니의 탄원서가 낭독되었다.

"꿈을 이루기 위해서 상경했고, 열심히 하고 있다고 생각했습니다. 정말 안타깝고 믿을 수가 없습니다."

피고인의 얼굴은 점점 붉어졌다.

검사는 재범의 우려가 대단히 높다는 이유로, 5월의 사건과 6월의 사건에 대해 각각 징역 6월과 징역 2년 6월을 구형했다.

변호인은 "소속 엔터테인먼트 회사로부터 계약이 해지되는 등 피고인은 사회적 제재를 받고 있다"며 관대한 판결을 요청했다.

11월 6일에 있었던 최종진술에서 피고인은 피해자에 대해 사죄의 말을 남기고 마지막으로 큰 소리로 외쳤다.

"더 이상 범죄를 저지르고 싶지 않습니다!"

추가기록

도쿄 지방법원은 2건에 대해 각각 징역 4월과 징역 2년의 판결을 선고했다. 피고인은 항소했지만 기각되었고, 판결이 확정되었다.

고민 끝에 엄마가 아들의 목을

2014.12.3.

생일에는 게임기를 사주는 좋은 엄마였다. 11세 아이의 눈에 그렇게 좋은 사람으로 비쳐졌던 엄마가 아들의 목숨을 빼앗으려 했다. 무엇이 엄마를 궁지로 몰아넣었을까?

　니누마新沼 지방법원 101호 법정. 검은 정장을 차려입고 긴 갈색 머리를 단정하게 내려묶은, 키 150센티미터의 작은 여성이 재판원들 앞에 모습을 나타냈다.

　피고인 사사키 요코(佐々木洋子, 42)는 3월, 니누마 현의 집에서 초등학교 5학년인 차남의 목을 끈으로 조르고 동반자살을 시도한 살인미수 혐의로 기소되었다. 동반자살은 중학교 1학년인 장남이 말려서 실패로 끝났다.

　검사가 공소장을 읽었다. 피고인은 "인정합니다"라고 불안한 목소리로 공소사실을 인정했다.

검사와 변호인의 모두진술에 따라 사건을 거슬러올라가보면 아래와 같다.

2000년에 결혼한 피고인은, 2003년 차남이 태어나기 직전에 이혼했다. 이후 두 아이를 데리고 친정으로 들어가 살았다.

도우미 일을 시작했지만 타인과 대화를 잘 나누지 못해 2년 6개월 만에 그만두었고, 2009년부터는 일이 없어서 생활보호를 받고 있었다.

부족한 생활비는 빚으로 충당했다. 주변에는 마음을 나눌 수 있는 친구도 없었다. 의사에게 '인격장애' 진단을 받았고, 감정이 불안정한 상태가 이어졌다.

차남은 발달장애였다.

일상생활에서도 도움이 많이 필요했기 때문에, 피고인은 육아에 큰 스트레스를 받고 있었다. 생활보호를 오랫동안 받고 있다는 사실 또한 마음의 짐이었다.

2014년 1월경부터 '자살'이라는 두 글자가 피고인의 머리에서 떠나지 않았다.

3월 24일, 사건이 발생했다.

장남은 거실에서 자고 있었고, 차남은 그 옆에서 게임에 빠져 있었다. 마침 피고인의 어머니는 차를 몰고 외출했기 때문에 집에는 세 사람만 있었다.

이틀 전부터 잠을 자지 못해 상태가 좋지 않았던 피고인에게 하나의 생각이 떠올랐다.

'지금밖에 없다.'

A4용지 3장에 유서를 적었다.

"저는 떠납니다. 두 아이와 함께."

동반자살을 결심하고, 상복하고 있는 수면제를 평상시보다 더 많이 먹었다. 그리고 차고에 가서 끈을 가지고 왔다. 양손에는 목장갑을 꼈다.

검사 왜 목장갑을 꼈습니까?

피고인 맨손으로 아이를 죽이고 싶지 않았습니다. 제 손으로 둘째의 몸을 만지고, 목을 조르고 싶지 않았습니다.

거실로 돌아오자 장남은 아직 자고 있었고, 차남 역시 여전히 엎드려서 게임을 하고 있었다.

검사 어떻게 두 아이를 죽이려고 했습니까?

피고인 먼저 둘째아이의 목을 조르고, 그다음 첫째의 목을 졸라 죽이려고 했습니다.

피고인은 엎드려 있는 차남 등에 올라앉아 몸에 끈을 친친 감고는 세게 잡아당겼다.

검사 당기는 힘을 늦추지는 않았습니까?
피고인 도중에 조금 늦추기도 했지만, 결국은 세게 당겼습니다.

이상한 낌새를 느낀 장남이 급히 일어나 피고인과 차남 사이로 다가왔고, 순간 차남은 느슨해진 끈을 풀고 도망쳤다. 뒤쫓아간 피고인은 다시 뒤에서 차남의 목을 끈으로 감았다.

차남은 괴로워서 발버둥치며 "그만!" 하고 외쳤다. 다시 장남이 말렸고, 차남은 맨발로 집 밖으로 달아났다.

이후 피고인은 직접 경찰에 알렸다. 유서를 쓰고 난 후 10분 사이에 일어난 사건이었다.

"엄마가 엄청 세게 끈을 잡아당겨서 괴로웠어요." "그만하라고 몇 번이나 말했지만 멈추지 않았어요." 검사는 차남이 진술한 조서를 법정에서 읽었다.

검사 왜 동반자살을 하려고 했습니까?
피고인 제가 죽고 나면, 두 아이는 고아가 되기 때문입니다. 남겨질 아이들이 너무 불쌍했습니다.

피고인의 아버지는 피고인이 초등학교 1학년 때 자살했다. 이후 어머니의 친정에서 살았는데, 같이 사는 외갓집 식구들로부터 소외감을 느꼈다.

변호인 아버지의 자살이 이번 사건과 관계가 있습니까?
피고인 직접적인 관계는 없다고 생각하지만, 잘 모르겠습니다.

고등학생이 되자 피고인은 '자살'을 꿈꾸기 시작했다. 사회인이 된 다음에도 고독감은 지워지지 않았다. 면도칼로 팔과 몸에 자해를 가하는 일이 반복되었고, 술을 마시거나 정해진 복용량 이상의 약을 먹고 현실에서 도피했다.
그래도 아이들에게 감정적으로 손을 대는 일은 없었다.

변호인 육아에서 가장 힘든 일은 무엇이었습니까?
피고인 둘째가 점점 말을 듣지 않아 꼭 붙어 있지 않으면 아무 일도 되지 않았습니다. 날마다 한계를 느꼈습니다.

초등학교 5학년인 차남은, 피고인 없이는 아무것도 하지 못했다. 아침에는 피고인이 깨워서 옷을 갈아입힌 뒤 안아서 세면대로 데려갔고, 칫솔 잡은 아이의 손을 피고인이 다시 잡고 칫

솔질을 시켜야 했으며, 아침을 먹을 때도 가만히 있지 않아 아이를 잡고 밥을 떠먹여야 했다.

　약속도 잘 지키지 않았고, 꾸중이라도 하면 아이는 난폭해졌다. 어느 날인가는 빨리 자라고 하는 피고인을 밀어 서랍장에 부딪히는 바람에 이가 부러지기도 했다.

변호인　아이들이 없어지면 좋겠다고 생각한 적이 있습니까?
피고인　그런 생각은 해본 적이 없습니다.

　피고인은 강한 어조로 말했다.

변호인　당신에게 아이들이란 어떤 존재입니까?
피고인　소중한 존재입니다. 저는 아이들을 사랑합니다.
변호인　둘째아이가 밉다고 생각한 적은 없습니까?
피고인　그런 적은 한 번도 없습니다.

　떨리는 목소리였다.
　1주일 동안 상처를 치료받은 차남은 검사에게 말했다.
　"잘 웃지는 않지만 생일에는 게임기를 사주는 참 좋은 엄마입니다."

그러나 또 말을 이었다.

"또 목을 조를까봐 무서워서 다시는 만나고 싶지 않습니다."

장남도 다르지 않았다.

"나는 엄마를 좋아합니다. 그런데 아직은 무서워서 같이 살고 싶지 않습니다."

사건의 원인에 대해 묻자, 피고인은 자신의 나약함 때문이라고 대답했다.

"저 혼자 모든 것을 짊어지고 있었습니다. 주변과 상의하고 병원에서 치료를 받아야 했는데 그러지 못했습니다."

피고인은 덧붙였다.

"큰아이에게도 잘못한 것이 많습니다. 제대로 사과하고 싶습니다."

지방법원은 11월 14일, 피고인에게 징역 3년에 보호관찰부 집행유예 5년의 판결을 선고했다.

판결 후 재판장은 말을 이었다.

"피고인 역시 정신장애가 있었고, 발달장애가 있는 차남의 육아 스트레스가 심했던 것으로 보입니다. 범행 직후 자수했으므로 무거운 책임을 지울 수는 없습니다."

추가기록

검사와 피고인 모두 항소하지 않았고, 판결은 확정되었다.

쿠로코 '신'에 대한 원한과 복수

2014.8.18.

인기 만화 『쿠로코의 농구』 캐릭터 카드가 들어 있는 과자에 농약을 주입한 뒤 협박장을 붙여 제조회사와 편의점 업체에 보낸 사건이 일어났다. 30년 전, 글리코 모리나가 사건•을 방불케 하는 연속 협박사건이다.

업무방해 혐의로 기소된 가나가와 현神奈川県 출신의 피고인 와다 슈이치(和田修一, 36)의 재판은 8월 21일에 판결이 확정될 예정이다.

3월 13일 첫 공판 이래, 피고인은 법정에서 말을 많이 했다.

• 1984~1985년 글리코, 모리나가 등 과자회사를 대상으로 한 일련의 기업 협박사건. 과자에 독극물을 넣거나 기업인을 납치하여 일본 사회를 떠들썩하게 만들었으나 범인을 검거하지 못한 채 미해결 사건이 되었다.

세상을 향해 도전하는 것과 같은 이 사건을 그는 왜 일으켰을까? 그 답을 들으러 법정으로 갔다.

피고인 반성은 하지 않습니다. 금전적으로는 책임을 다할 수 없겠지요. 출소하면 자살할 겁니다. 이런 개 같은 인생, 더는 견딜 수 없으니 바로 죽여주시기 바랍니다.

첫 공판에서 피고인은 도발적이었다.

피고인의 공소사실은 이렇다. 피고인은 2012년 10월 『쿠로코의 농구』 작가의 출신 학교인 조치 대학上智大学 캠퍼스에 협박문과 함께 황화수소가 들어 있는 용기를 두었다. 협박문에는 '조치 대학 OB인 『쿠로코의 농구』 작가가 밉다. 작가에게 복수를 하고 싶었지만 안타깝게도 어디에 사는지 모른다. 원망을 하려거든 작가를 원망하라!'라고 쓰여 있었다.

2013년 10월, 피고인은 다시 농약이 든 과자를 편의점 업체 등에 보내 상품을 회수하고 판매를 중지하게 한 일로 기소되었다.

피고인 모두 인정합니다.

피고인은 혐의를 모두 인정했다.

검사의 모두진술에 따르면, 피고인은 전문대학을 졸업한 후 편의점에서 일하는 등 여러 직장을 전전했다. 대학입시에 실패하고, 애니메이션 제작과 관련된 꿈도 이루지 못한 피고인은 인생에 대한 불안감을 가지고 있었다.

6월 27일, 피고인 신문에서 체격이 가냘픈 피고인은 가볍게 웃음을 띠며 당당하게 자신의 생각을 말했다.

변호인 다시 한번, 동기는 무엇이었습니까?

피고인 『쿠로코의 농구』 작가는 제가 가지지 못한 모든 것을 가지고 있었습니다. 저는 어릴 때부터 왕따였습니다. '노력조차 할 수 없었던 패배자 그룹'이었습니다. 모든 것을 가지고 있는 작가에게 원한을 풀 수밖에 없다고 생각했습니다.

변호인 어디서 열등감을 느꼈습니까?

피고인 그는 저에게는 허락되지 않았던 조치 대학을 다녔습니다.

하필이면 왜 조치 대학이었는지, 피고인은 이유를 밝혔다.

피고인 고등학교 3학년 봄, 농구부의 후배 3명이 모두 조치 대학에 가고 싶다고 이야기하는 것을 들었습니다. 저는 동성애자입니다. 조치 대학에 가면 이런 귀여운 후배들과 만날 수 있을 거라는 생각에 조치 대학을 목표로 삼았습니다.

그러나 피고인은 대학입시에 결국 실패하고 말았다.
『쿠로코의 농구』를 표적으로 삼은 이유에 대해서는 또 이렇게 설명했다.

피고인   저는 농구 유니폼에서 이상한 페티시즘을 느꼈습니다. 중3 때부터 동인지를 좋아했는데, 『쿠로코의 농구』는 'BL' 동인지의 소재로도 곧잘 이용되었습니다. 동인지의 세계에서 2차 창작의 근원이 된다는 것은 바로 '신'이 되는 것입니다. 이 작가를 한 번이라도 이겨보고 싶었습니다.

변호인   패배자 그룹이라고 했는데, 더 노력할 생각은 하지 않았습니까?

피고인   노력이란 보상 없는 의무로밖에 느껴지지 않았습니다.

변호인   무슨 뜻이지요?

피고인   제 부모님은 나쁜 결과에 대해서 힐책할 뿐 칭찬하는 일이 없었습니다.

원망의 화살이 부모에게로 돌아갔다.

피고인 부모님은 제가 좋아하는 것을 하나하나 빼앗아갔습니다. 초등학교 5학년 때는 바둑을 못 두게 했고, 6학년 때는 공부도 못 하게 했습니다. '왜 하면 안 되냐'고 물었더니 화를 내며 설탕통을 던져 맞은 적도 있습니다.

변호인 공부도 못 하게 했다고요?

피고인 초등학교 5학년 때부터 보습학원에 다녔는데, 좋은 성적을 받았다고 야단을 맞았습니다. 공부조차 허락하지 않는 부모와 어떻게 대화할 수 있었겠습니까.

자기만의 생각에 갇혀 타인을 원망하는 피고인에게, 검사가 질문을 시작했다.

검사 그래서 결국 누가 나쁜 사람입니까?

피고인 8명 있습니다.

피고인은 부모님과 자신을 왕따시킨 친구 3명, 교사 등의 이름을 입에 올렸다.

검사 피해자들은 모두 피고인이 엄벌을 받기를 원하고 있습니다.

피고인 당연하겠지요.

검사 그래도 미안하다고 생각하지는 않습니까?

피고인 네.

검사는 아무렇지 않다는 듯 대답하는 피고인을 추궁했다.

검사 책임을 질 생각은 없습니까?

피고인 책임을 진다는 생각은 오만하며 불가능합니다.

검사 부모님께 죄송하다고 생각하지 않습니까?

피고인 그렇게 생각하지 않습니다. 괜찮은 보복이었습니다.

검사는 한숨을 쉬며 피고인을 설득해본다.

검사 여러 이유에서 원하는 대로 살지 못하는 사람들은 수없이 많습니다. 피고인보다 더 힘든 삶을 살고 있는 사람들도 있습니다. 그런 사람들이 모두 범죄를 저지르지는 않습니다.

피고인 저에게는 '운'마저도 따라주지 않았습니다. 『쿠로코의 농구』 작가는 제 모든 열등감을 자극했습니다. 그 사람은 모든 것을 다 가진 슈퍼맨이었습니다. 한 번이라도 좋으니 이겨보고 싶었습니다.

7월 18일, 검사는 피고인의 사고를 엄하게 규탄했다.

검사 범행 동기는 일방적이고 독선적인 사고에 기초한 것으로 실로 방자합니다. 설사 친구들의 왕따와 엄격한 부모의 제재가 있었다 하더라도 이것이 피고인의 행동을 정당화할 이유가 안 된다는 사실은 설명할 필요도 없습니다.

검사는 징역 4년 6월을 구형했다.

피고인 역시 의견진술을 신청했는데, 이날을 위해 피고인이 준비한 문서는 A4용지 40장에 이른다. 하얀 종이를 손글씨가 까맣게 메우고 있었다.

재판장 가능한 한 간결하게 부탁드립니다.
피고인 어느 정도면 됩니까?
재판장 10분 정도.
피고인 10분요?

피고인은 준비해온 원고를 읽기 시작했다. 어린 시절의 왕따와 부모님의 엄한 교육으로 우울한 상태가 이어졌고, 그 결과 범죄까지 일으키게 되었다는 내용이었다.

초등학교 때 골육종으로 죽은 친구의 이야기도 이어졌다.

피고인   그 친구의 일이 머리에서 떠나지 않았습니다. 제가 대신 그 병에 걸렸으면 좋았을 거라고 생각했습니다. 친절한 의사와 간호사의 보살핌을 받으면서 편안하게 세상을 떠날 수 있었을 테니까 말입니다. 무엇보다 이런 기분 나쁜 범죄는 일어나지 않았을 것입니다.

마지막으로 피고인은 덧붙였다.

"제 마음을 외치고 싶습니다."

그러고는 한국 남자 아이돌의 이름을 부르며 한국말로 "사랑해요!" 하고 외친 뒤, 이렇게 마무리했다.

"일본의 앞날을 짊어질 소년들이 앞을 보고 살아가기를 바라면서 끝맺겠습니다."

추가기록

도쿄 지방법원은 2014년 8월, 징역 4년 6월의 판결을 선고했다. 피고인은 항소했지만 기각됐고, 형은 확정되었다.

스모 선수도 말려든 여자 마음과 주머니 사정

2014.4.28.

한때 랭킹 3위에 든 화려한 경력을 가진 스모 선수가 체포되어 주목을 끈 위장결혼사건. 도쿄 지방법원에서 첫 공판이 있었다.

판사 피고인 두 사람은 앞으로 나오십시오.

근육질의 가슴에 키 190센티미터의 남자와, 작고 성실해 보이는 하얀 피부의 여자, 두 사람은 가짜 부부다. "너무 쉽게 죄를 저질렀습니다." 두 사람은 사죄했다.

곧바로 이어진 피고인 신문에서, 여자는 울면서 말했다.

"진짜 결혼을 하고 싶었습니다."

방청석에는 눈물 흘리는 여자를 지그시 바라보는 그녀의 진짜 약혼자가 있었다.

검사의 모두진술 등에 따라 사건을 정리해보면 다음과 같다.

남자의 이름은 다카다 도모(高田智, 49), 여자의 이름은 한국 국적의 김기정(29)으로, 두 사람은 도쿄 다이토 구台東区 구청에 거짓 혼인신고서를 제출함에 따라, 공정증서원본불실기재 및 행사 혐의로 기소되었다.

피고인 김기정이 일본에 온 것은 2006년, 고령화가 진행되는 일본에서 복지 관련 일을 배우기 위해서였다. 1년 6개월 정도 일본어를 공부한 후 일본어 능력시험 1급에 합격할 정도로 일본어 실력을 갖추게 된 피고인은 무역회사에서 일을 시작했고, 한국으로 생활비도 보냈다. 수입을 늘리기 위해 밤에는 한국 클럽에서 접대부로 일했다.

2년 전인 2012년 9월, 피고인은 당시 일하고 있던 클럽에 들이닥친 경찰에 적발되었다.

변호인 왜 위장결혼을 하려고 했습니까?
김기정 처음 적발되었을 때 결혼비자를 가지고 있는 사람은 당당했습니다. 결혼비자가 있으면 좋겠다고, 단순하게 생각했습니다.

법정 통역이 있었지만 피고인은 일본어 질문에 고개를 끄덕

이며 유창한 일본어로 대답했다.

그해 12월, 피고인은 클럽 종업원이 소개한 한 인물에게, 남편 역할을 해줄 일본 사람을 알아봐달라고 부탁했다.

또 한 명의 피고인 다카다 도모. 법정에 선 그는 짧은 머리와 날카로운 눈이 인상적이었다.

1995년 스모계를 은퇴한 뒤 4년 정도 후배들을 지도하던 피고인은, 이후 음식점에 취직했다. 스모 선수들이 즐겨 먹는 창코나베ちゃんこ鍋집과 고깃집에서 일했으나, 경제적으로는 여전히 어려웠다. 이혼한 전처에게 아이 3명을 위한 양육비로 매월 10만 엔을 지불해야 했기 때문이다.

2012년 12월, 세 아이 중 하나가 대학에 입학했다.

입학금 등으로 급하게 돈이 필요했지만 당장 돈을 구할 방법이 없던 그때, 때마침 위장결혼을 하지 않겠냐는 제안이 들어왔고, 피고인은 적절한 보수를 약속받았다.

이듬해 1월, 두 사람은 다카다 도모가 일하던 고깃집에서 처음 만났다. 2월에 혼인신고서를 제출했고, 4월에는 김기정이 입국관리국에 가서 일본인 배우자로서의 체류 자격 비자 갱신 허가를 신청했다. 3개월 후 허가가 떨어졌다.

위장결혼의 보수로 김기정은 다카다 도모에게 130만 엔을, 중개자에게는 30만 엔을 지불했다. 다카다 도모는 90만 엔을 전처에게 보내고 나머지는 식대 등으로 사용했다.

그런데 위장결혼을 하고 3개월이 지나 김기정에게 생각지도 못한 일이 일어났다. 다른 일본인 남성과 사랑에 빠진 것이다.

김기정은 동거를 시작했고, 남성의 가족과도 친해졌다. 자연히 결혼 이야기도 나왔다.

변호인 남성과 만나게 된 것은 위장결혼을 하고 난 다음의 일입니까?

피고인 네, 그 뒤의 일입니다. 조금만 더 일찍 만났다면 얼마나 좋았을까 생각합니다.

김기정은 눈물을 가득 담고 고개를 푹 숙였다. 그리고 말을 이었다.

"이제부터는 그와 계속 함께 있고 싶습니다."

하지만 이번 사건으로 김기정은 강제퇴거 처분을 받을 수도 있다. 처분이 정해지면 한국으로 돌아가야 하고, 적어도 5년간은 일본에 재입국할 수 없다.

변호인 한국에 돌아가게 된다면 어떻게 하실 겁니까?

피고인 그 말을 듣고 많이 고민했습니다. 그이와도 이야기했습

니다. 그는 '변하지 않는다'고 했습니다. 한국으로 돌아가
도 그와 결혼해서 성실하게 잘 살겠습니다.

변호인 체포되기 전, 남성에게 위장결혼에 대해서 말했습니까?

피고인 작년 여름에는 결혼 이야기도 나왔습니다. 하지만 다카다
도모 씨에게 돈도 이미 지불했고, 그이의 가족과도 친해
진 터라 위장결혼 사실을 밝히는 것이 두려웠습니다.

간간이 목이 메어 말을 잇지 못했지만, 쥐고 있던 손수건으로
눈물을 닦으며 피고인은 조용조용 말을 이어나갔다.

검사 피고인 김기정은 체류 자격이 탐나서, 피고인 다카다 도
모는 돈이 필요해서 범죄를 저질렀습니다. 130만 엔이라
는 고액의 보수를 지불하고 받았으므로 반성을 하고 있다
고는 하지만 두 사람 모두 이에 상응하는 형사적인 책임을
져야 할 것입니다.

검사는 두 사람에게 각각 징역 1년 6월을 구형했다.
한편 변호인은 두 사람이 빠른 시일 내에 사회에 복귀할 수
있게 해달라고 호소하며 이렇게 말했다.
"피고인 다카다 도모는 친구의 소개로 어렵게 청과시장에 일

자리를 구했습니다. 아직 공부해야 하는 아이가 셋이나 있습니다. 또 피고인 김기정에게는 가족과 약혼자가 기다리고 있습니다. 깊이 반성하고 있고, 재범의 우려도 없습니다."

마지막으로 두 피고인이 발언했다.

다카다 도모　어찌되었든 여러분께 사죄드립니다. 대단히 죄송합니다.

김기정　깊이 반성합니다. 그것뿐입니다.

아주 작은 목소리였다.

추가기록

도쿄 지방법원은 두 피고인에게 징역 1년 6월에 집행유예 3년의 판결을 선고했고, 형을 확정했다.

어머니에 대한 생각이 바뀐 순간

2014.11.18.

친절하고 따뜻했던 어머니는 야위어갔다. 아들 혼자서 어머니를 돌봤는데, 체력이 떨어지면서 어머니는 목욕과 식사마저 싫어하게 되었다. 두 사람은 고립되었고, 아들의 염려는 언제부터인가 분노로 바뀌었다. 분노는 폭력으로 이어졌다.

도쿄 지방법원 715호 법정. 피고인 곤도 마나부(近藤学, 39)는, 10월 28일 첫 공판에 양복 차림에 녹색 넥타이를 매고 나타났다. 폭력을 휘둘러 결국 어머니를 죽음에 이르게 했으므로 상해치사 혐의로 기소되었다. 재판원의 시선이 집중되는 가운데 피고인은 긴장한 모습이었다.

피고인은 부모님과 함께 도쿄 도 나카노 구中野区의 아파트에 살았다. 고등학교 졸업 후 슈퍼마켓에서 11년간 근무했으나, 상사의 괴롭힘으로 직장을 그만두었다. 이후 다른 슈퍼마켓에서

도 일했지만, 5년 전부터는 일자리가 끊긴 상태였다.

15년 전에 아버지가 세상을 떠나고, 이후 어머니 노리코(則子, 당시 64)와 단둘이서 살고 있었다. 어머니는 일자리를 찾지 못하는 아들을 꾸짖지 않았고, 아들이 하고 싶은 일을 찾을 수 있을 때까지 따뜻하게 지켜보고 있었다.

하지만 골다공증을 앓고 있던 어머니 노리코는 2011년경부터 입원과 퇴원을 반복하면서 차츰 야위어갔다.

병원에 갈 때는 항상 피고인도 함께였다. 식사 또한 피고인이 준비했는데, 인스턴트 음식이 대부분이었다.

그리고 사건 1년 전, 눈길에 미끄러져 대퇴골이 부러지면서, 어머니는 목욕을 하거나 볼일을 보는 것조차 혼자 하기가 어려워졌다. 가끔 똥오줌을 지리기도 해서, 피고인이 속옷 등을 직접 손으로 빨아야 했다.

항상 같이 있는 두 사람의 모습을 아파트 주민들은 자주 목격했다고 한다.

변호인 혼자서 모시기는 힘들지 않았습니까?

피고인 솔직히 부담이었습니다. 그래도 어쩔 수 없다고 생각했습니다.

피고인은 작은 목소리로 덧붙였다.

"정말 따뜻하고 좋은 어머니였습니다."

폭력은 어떻게 시작되었을까? 사건이 발생하기 보름 전의 일이다.

피고인   1월 13일이었습니다. 어머니를 위해 죽을 준비했는데, 먹지 않겠다고 해서 손바닥으로 얼굴을 때렸습니다.

변호인   왜 폭력을?

피고인   아침에 분명 먹겠다고 약속을 했는데 지키지 않아서 화가 났습니다.

모자는 사람을 잘 사귀지 못하는 성격이었다. 그래서 둘만의 시간이 많았는데, 두 사람은 매일 아침 어머니가 수집한 큐피 인형을 가지고 인형극 같은 것을 하면서 하루의 일과를 논의했다.

밥을 먹을까, 산책을 갈까, 목욕을 할까.

소심하고 꼼꼼한 성격의 피고인은 아침에 논의해서 결정한 일은 반드시 지켜야 한다고 생각했다. 그런데 어머니는 결정한 일을 잘 지키지 않았고, "먹기 싫다" "목욕은 힘들다"는 등의 말을 자주 했다.

피고인 날로 약해져가는 어머니를 보는 것이 힘들었습니다.

어머니를 위해 음식을 준비하고 목욕시킬 준비를 하는데, 어머니는 잘 받아주지 않았다. 결정한 일을 지키지 않는 어머니 때문에 스트레스가 쌓였다. 피고인은 고백했다.

"사나흘에 한 번은 어머니에게 폭력을 휘둘렀습니다."

그리고 1월 29일.

어머니를 위해서 죽을 데웠으나, 어머니는 또다시 먹지 않겠다고 했다. 화가 난 피고인은 어머니의 얼굴을 때렸다.

저녁에는 욕실로 데려갔지만, 어머니는 이번에도 "힘들어서 싫다"고 했다.

요를 깔아둔 부엌으로 다시 데려와 어머니를 뉘었지만, 분노가 가라앉지 않아 어머니의 등을 세게 때렸다. 몇 번이나 때렸는지는 기억나지 않는다고 한다.

어머니가 작게 신음소리를 냈다. 걱정이 된 피고인은 "미안해, 미안해, 괜찮아?"라고 물었고, "괜찮다"는 어머니의 작은 목소리를 들었다.

피고인은 마음을 진정시키기 위해서 방으로 들어갔다. 10분 정도 지났을까, 걱정이 되어서 다시 밖으로 나왔는데 어머니는 눈을 뜬 채 움직이지 않았다. 급하게 구급차를 불렀지만 어머니는 병원에서 사망했다.

검사 폭력을 휘두를 때 미안하다는 생각은 없었습니까?
피고인 그때는 분노가 더 컸습니다.

 검사는 더욱 거칠게 몰아부쳤다.

검사 폭력을 휘두른 것은 감정에 휩쓸려서일 것입니다. 어쩔 수
    없는 상황은 아니었을 겁니다.
피고인 ……감정에 따른 단순한 행동이었습니다.

 어머니는 생활의 일부를 지원받을 수 있는 '요지원要支援1●'
판정을 받은 상태였다. 그러나 피고인은 낮에 도우미의 도움을
받을 수 있는 '데이 서비스' 등을 이용하지 않았다.

검사 왜 그런 도움을 받지 않았습니까?
피고인 어머니와 상의해봤지만, 어머니는 타인과 잘 어울리는

● 곁에서 계속 돌볼 정도는 아니지만 일상생활에 불편이 있는 사람을 분류한 것으로,
  요지원1은 그중 가장 낮은 단계이나 국가기관의 도움을 받을 수 있다.

성격이 아니었습니다. 다른 사람이 우리 집에 들어오는 것을 몹시 싫어했습니다.

한 재판원이 피고인에게 물었다.

재판원 혼자서 어머니를 돌보는 일이 어렵다고 생각한 적은 없었습니까?

피고인 힘들었습니다. 그래도 할 수 있는 일은 직접 하려고 했습니다.

검사 피고인은 더 마를 수 없을 만큼 말라서 뼈만 앙상한 어머니에 대한 폭력이 얼마나 위험한 것인지 알고 있었습니다.

검사는 징역 5년을 구형했고, 변호인은 집행유예를 요청했다.

"이 사건은 현대 사회의 한 모습을 반영하고 있습니다. 피고인의 행동은 우발적인 것이었고, 현재 피고인은 깊이 반성하고 있습니다."

최종의견진술에서 피고인은 준비해온 글을 읽었다.

"어머니께 정말 죄송합니다. 인간으로서 해서는 안 되는 일을 해버렸습니다. 더 효도하지 못한 것이 이제야 애석할 따름입니다."

판결은 10월 31일에 확정되었다. 징역 3년의 실형 판결이었다.

"당신에게 하고 싶은 말이 있습니다."

마지막으로 재판장은 덧붙였다.

"피고인은 성실하고 착한 사람으로, 제대로 된 직장에서 일을 하기도 했지만 사회성이 부족해서 불행한 사건으로 이어지게 되었습니다. 어머니의 죽음이라는 중대한 결과에 대해 깊이 반성하기 바랍니다. 어머니 역시 피고인이 스스로 사회생활을 잘 해나가기를 바랄 것입니다."

피고인은 아무 말 없이 듣고 있었다.

추가기록

검사와 피고인 모두 항소하지 않았고, 판결은 그대로 확정되었다.

점집에서 좋은 주식을 찾았다

2014.5.12.

내부자거래로 주목을 받은 여성은 의외의 말을 내뱉었다.

"점술은 정말 용합니다."

주식으로 돈을 번 것은 부정한 정보입수였을까, 아니면 점술 때문이었을까?

도쿄 가스미가세키 일본 금융청 건물의 15층에는 법정과 똑같이 생긴 커다란 방이 하나 있다. 증권거래감시위원회에서 위법적 주식거래로 지적을 받은 사람이 반론을 할 수 있는 곳이다.

감시위원회 직원 주식을 살 때 증권회사의 직원에게 '내부자거래 가 아니라는 사실'을 확인받았지요?

여성 네, 내부자거래가 아니라고 대답했습니다.

최근까지 친정이 운영하는 기모노 가게를 돕고 있던 30대 여성은 풍성한 흰 치마에 재킷을 걸치고 있었다. 조금 긴장한 듯했지만 여성은 느긋하게 답했다.

여성은 2013년 8월, 신흥기업을 위한 주식시장 센트렉스 Centrex에 상장하는 한 회사의 주식을 위법으로 매매했다고 감시위원회의 지적을 받았다. 인터넷 사이트를 운영하는 회사였다.

감시위원회의 주장은 다음과 같다.

여성은 2012년 10월 23일 오후 증권회사를 찾아가 동생 명의로 계좌를 개설하고, 해당 회사의 주식을 1,300주, 약 102만 엔어치를 샀다. 주식거래는 처음이었다.

여성이 주식을 사고 30분 후, 이 인터넷 사이트 운영 회사가 도쿄 도 내에 위치한 번역서비스 회사를 매수한다는 발표가 있었고, 다음 날 이 회사의 주가는 치솟았다. 여성은 6일 후 모든 주식을 약 181만 엔에 팔아 80만 엔의 차익을 얻었다.

주식을 사기 전날, 여성은 매수되는 쪽이었던 번역서비스 회사의 남성 간부와 단둘이 만나 식사를 했다.

감시위원회는, 여성이 남성 간부에게서 매수 정보를 듣고 주식을 매매했다고 주장했다.

여성은 남성 간부와 식사한 것을 인정했다.

변호인 무슨 이야기를 했습니까?

여성 그달 초에 아버지가 돌아가셨습니다. 아버지에 대한 이야기, 여동생이 사귀고 있는 상대에 대한 이야기, 어머니의 직장에 대한 이야기 등을 했습니다.

남성 간부와는 인터넷으로 알게 되었다고 했다. 처음에는 온라인 게임의 채팅창에서 이야기를 나누다가 차츰 직접 통화를 하게 되었다.

여성 하지만 돈에 대해서는 이야기하지 않았습니다. (남성에게) 가볍게 보이고 싶지 않았기 때문입니다.

이날 출석한 남성 간부 역시 매수에 대한 이야기는 하지 않았다고 증언했다.

둘이 만난 것은 그날이 세 번째였다. 다만 이날 여성과 식사하기로 한 치바 현 우라야스 시의 호텔로 향하는 차 안에서, 남성 간부는 동료에게 "매수가 공식 결정됐다"는 보고를 받았다.

판사 매수 사실을 확인한 직후에 만났군요. 이 이야기를 의도적으로 피했습니까?

남성 간부 특별히 피하지는 않았습니다.

두 사람은 호텔 일식집에서 1시간 40분 정도 시간을 보냈고, 여성은 다음 날 증권회사로 향했다.

감시위원회 직원 어떻게 10월 23일에 주식을 샀습니까?
여성 점집에서 점을 봤습니다.

여성이 점을 보는 것은 하루 일과라고 했다.
10월 23일은 '구성술九星術'에서 '사록목성四綠木星'에 해당하는 날이었다. 구성술이란 9개의 별을 활용해 그날의 운세를 보는 점술로, 사록목성은 그 9개 별 가운데 하나다.

여성 사록목성은 저에게 운이 좋은 날입니다. 이전에 복권에 당첨된 것도 사록목성의 날이었습니다. ……사록목성과 합이 좋은 숫자는 3과 8입니다. 이 숫자가 들어간 회사의 주식을 사려고 생각했습니다.

상장기업은 모두 네자릿수의 '증권코드'를 가지는데, 여성이 구매한 회사의 증권코드에는 3과 8이 들어 있었다.

4월 21일. 감시위원회에서는 재판의 판결에 해당하는 '결정決 定'을 내렸다.

여성의 반론은 모두 무시되었다. 감시위원회는, '남성 간부는 여성의 가족과도 교류가 있었고 친한 사이였다. 그래서 내부 정보의 전달이 있었다는 사실이 강하게 추인된다'는 결론을 내렸다.

금융청은 여성에게 86만 엔의 과징금을 지불하도록 명했다.

금융상품거래법의 결정을 따르지 않기로 한 경우, 30일 이내 법원에 취소를 요청하는 소송을 제기할 수 있다.

추가기록

여성은 과징금 명령에 대해 불복할 경우에 행하는 소송을 제기하지 않았다.

다시 '진범'이 된 순간

2014.5.22.

피고인은 2일 전 검찰에 출석할 때 입었던 흑백 줄무늬 셔츠에 청바지 차림이었다. 5월 22일 오전 10시, 피고인 기무라 요헤이 (木村陽平, 32)는 고개를 숙인 채 방청석 쪽을 두리번거리며 도쿄지방법원 818호 법정에 들어섰다.

재판장 검사 측과 변호인 측, 양쪽 모두 의견이 있다는 거지요?
변호인 변호인 측부터 하겠습니다.

4명이 범인으로 오인받고 잘못 체포된 컴퓨터 원격조작사건이었다. 체포 기소된 피고인은 일관되게 무죄를 주장했고, 3월에 보석으로 풀려났다. 그런데 지난 공판이 있은 5월 16일부터 사태는 극적으로 전개됐다. 공판 도중 각 신문사에 '진범'의 메일이 도착했다. 피고인은 "내가 보낸 것이 아니니, 재판을 끝내주기 바란다"고 주장했으나, 5월 19일 검찰은 피고인이 직접 송신한 것이라는 사실을 확정하고 보도했고, 피고인은 갑자기 실종되었다.

변호인 그날 밤 전화가 왔습니다. 죽기 전에 저에게 사죄하고 싶다는 전화였습니다.

2일 전인 20일 아침, 피고인은 마중나온 변호인에게 모든 죄를 인정했다. 그리고 다시 구치되었다.

변호인 증거 인멸을 시도한 것이 분명하고, 도망친 것도 사실입니다. 공소사실에 대한 의견을 다시 묻고 싶습니다.
검사 바라는 바입니다. 그렇게 해주십시오.
재판장 피고인, 앞으로.

여전히 두리번거리며, 피고인이 증언대에 섰다.

재판장 기소된 10건에 대해 죄를 인정합니까?
피고인 전부 사실입니다.

재판장 인정한다는 것입니까?

피고인 네.

재판장 더 하고 싶은 말 있습니까?

피고인 아니요.

재판장 없다는 뜻입니까?

피고인 네.

피고인 신문이 이어졌고, 주임변호사가 질문했다.

변호인 또 다른 일에 대해 '사죄하고 싶다'고 하지 않았습니까?

피고인 ……

피고인은 무슨 말인가 중얼거렸지만, 방청석에서는 들리지 않았다.

재판장 좀 더 큰 소리로 말하십시오.

피고인 지금까지 저는 많은 사람들을 속여왔습니다. 협박의 대상이 된 분들, 범인으로 오인받고 잘못 체포된 분들, 무죄라고 믿고 지원해준 분들, 가족, 많은 사람들을 배신했습니다.

16일에 송신한 '진범'의 메일 내용도 확인되었는데, 메일에는 여성 언론인과 재판장을 심하게 공격하는 표현이 있었다.

피고인 정말 심한 글이었습니다. 사람들이 보기에 제가 이런 글을 적지는 않았을 거라고 생각하게끔 몹시 심한 표현을 썼습니다. 모든 분들께 사죄하고 싶습니다. 죄송합니다.

검사도 질문했다. 지난번 공판까지의 적대적 분위기는, 피고인에게도 검사에게도 더 이상 보이지 않았다.

검사 죄를 인정한 이유는 무엇입니까?

피고인 메일이 탄로나자 더 이상 도망갈 수 없다는 생각이 들었습니다. 저에겐 세 가지 선택지밖에 없었습니다. '잡아뗀다' '모든 사실을 인정한다' '죽어버린다'. 결국 죽으려고 산에서 목을 매달기도 했고, 지하철에 뛰어들려고도 했습니다.

검사 그런데 죽지 못했군요.

피고인 네.

검사 끝까지 잡아뗄 생각은 하지 않았습니까?

피고인 그것은 무리였습니다. (메일을 보낸) 스마트폰에서 DNA

가 검출되었다고 들었습니다.

검사 이제까지처럼 '걸려들었다'고 주장하는 것은 무리라고 생각했습니까?

피고인 네.

다시 주임변호사가 질문했다.

변호인 메일 송신이 탄로나도 일련의 원격조작사건은 '내가 한 것이 아니다'라고 할 수도 있었을 텐데요.

피고인 스마트폰에서 (범인만 알 수 있는) 비밀번호로 로그인해버렸습니다. 더 이상은 무리라고 생각했습니다.

변호인 빠져나갈 수 없다고 생각한 것입니까?

피고인 네.

피고인 신문은 약 7분 만에 끝났다.

이어서 잘못 체포된 피해자들에 대한 증인 신문도 있었다. 변호인이 법원과 검사에게 부탁했다.

변호인 피고인의 문제는, 범인으로 오인받고 잘못 체포된 사람

들이 어떤 피해를 보았는지 제대로 느끼지 못한다는 데
있습니다. 부디 검찰에서 제대로 입증해주시기 바랍니
다. '피고인 본인이 무슨 짓을 저질렀는가'를 알 수 있는
절차를 밟아주시기 바랍니다.

지난번까지만 해도 변호인은 '검찰이 피고인을 궁지에 몰아
넣기 위한 입증을 하고 있다'고 도발했었다. 더 이상 그런 언동
은 찾아볼 수 없었다.

다음 공판은 5월 30일.

재판장이 폐정을 고하자, 피고인은 일어나서 고개를 숙였다.
변호인과 말을 나누고 법정을 나가는 피고인은 마지막까지 안
정을 찾지 못하는 모습이었다.

폐정 후, 주임변호사가 기자회견장에 나왔다.

"피고인의 생각을 읽지 못했습니다. 형사 사법에 관계된 사람
으로서 반성합니다."

주임변호사는 사건을 돌아보며 말을 다시 이었다.

"검사에게서 '다행히 죽지 않고 살아 있어서 수감할 수 있었
다'는 말을 들었습니다. 저 또한 같은 생각입니다."

말을 끝내는 주임변호사의 눈시울이 붉어졌다.

추가기록

도쿄 지방법원은 2015년 2월 4일, 징역 8년의 판결을 선고했고, 이를 확정했다.

아픈 딸에게 뱀장어 구이를

2014.9.10.

기후岐阜 시내의 슈퍼마켓에서 한 남자가 체포되었다. 물건을 훔친 남자의 장바구니에는 햄, 샐러드 그리고 뱀장어 구이 2팩이 들어 있었다.

왜 뱀장어였을까? 피고인 네기시 쇼이치(根岸昭一, 73)는 법정에서 그 이유를 밝혔다.

9월 3일 기후 지방법원에서 첫 공판이 있었다.

피고인 잘못했습니다.

직업이 없는 피고인은 절도 혐의를 순순히 인정했다. 몸집이 작고 마른 피고인은 내내 안절부절못하고 주위를 두리번거리고 있었다.

검사의 모두진술에 따르면 피고인의 범행은 다음과 같다.

논밭이 넓게 펼쳐진 한적한 곳에 위치한 슈퍼마켓에는 낮에
도 손님이 많지 않았다. 평소 자주 이용하는 곳이라, 어디에 무
엇이 진열되어 있는지 잘 알고 있었기에 피고인은 이 가게를 선
택했다. 피고인은 장바구니를 챙겨 자전거를 타고 슈퍼마켓까
지 갔다.

가게에 들어서자마자 피고인은 장바구니를 쇼핑카트에 실은
뒤 지역 특산물인 고급 햄 4개, 샐러드 3봉지, 마늘 1봉지, 뱀장
어 구이 2팩을 담았다. 총 9,176엔에 해당하는 물건이었다.

이후 사람의 눈이 적은 통로로 가서 마늘을 제외한 물건들을
장바구니에 옮겨 담았다. 마늘은 바지 왼쪽 주머니에 집어넣었다.

몰래 동쪽 문을 통해서 가게를 빠져나오는데, 주차장 바로 앞
에서 여성 경비원(24)이 말을 걸어왔다.

"아직 정산하지 않은 상품이 있지요?"

피고인은 바로 "돌려드리겠습니다. 돌려드릴 테니 용서해주
십시오" 하고 빌었지만, 그 자리에서 현행범인으로 체포되었다.

검사 피고인에게는 외동딸이 있는데, 현재 병으로 입원과 퇴원
을 반복하고 있습니다.

검사가 피고인의 신상에 대해 설명하기 시작했다.

20대인 딸은 현재 혈액병을 앓고 있다. 딸과 그 딸의 엄마인 내연의 처와는 따로 살고 있지만, 피고인은 딸의 입원비와 휴대전화 요금을 지불하고 있었다.

검사는 피고인이 그전에도 절도범으로 체포된 일이 있었고, 2014년 1월 나고야 교도소에서 막 출소했다는 사실까지 함께 밝혔다. 범행 당시 직장이 없었고, 수입은 후생연금과 생활보호비로 받는 월 약 9만 5,000엔이 전부였다.

검사   생활은 어려웠습니다. 밥에 후리가케 가루만 뿌려서 먹는 날도 많았습니다. 물건을 훔친 날도 그의 수중에는 74엔이 전부였습니다.

그런 와중에 딸과 아내와 함께 밥을 먹고 싶었다. 딸이 좋아하는 뱀장어를 먹이고 싶었다. 딸이 좋아하는 것을 가지고 가서, 기뻐하는 모습을 보고 싶었다.

검사   피고인은 '아빠'라고 불러주는 딸이 사랑스러웠고, 이런 딸에게 맛있는 밥을 먹이고 싶다고 생각했습니다.

피고인 신문이 시작되었다.

변호인 왜 훔쳤습니까?

피고인 딸을 위해서…….

변호인 그것들이 훔친 물건들이라는 사실을 따님이 안다면 어땠을 것 같습니까?

피고인 딸아이는 화를 낼 것입니다.

이어서 검사가 질문했다.

검사 따님은 언제부터 병을 앓았습니까?

피고인 7~8년 전부터입니다.

출소 후, 피고인은 8만 엔을 딸과 내연의 처에게 주었다.

검사 그래서 밥에 후리가케 가루를 뿌려서 먹으며 한동안 살았지요?

피고인 네.

검사 그래도 물건을 훔쳐서는 안 되지요.

피고인 네. ……알고 있습니다.

피고인은 검사를 향해 대답했다.

검사 따님은 뱀장어를 가져다주는 것보다, 아버지가 재기할 때 더 기뻐하지 않을까요?

피고인 네, 그렇습니다.

변호인과 검사의 질문에 피고인은 "다시는 하지 않겠다"고 약속하며 덧붙였다.

"이 나이에 다시는 교도소에 들어가고 싶지 않습니다. 교도소에서 죽기는 싫습니다."

그런데 판사로부터 무서운 질문이 날아왔다.

판사 피고인은 지난번 판결에서도 '다시는 하지 않겠다'고 했습니다. 그런데 아무것도 바뀌지 않은 것 같습니다.

피고인 …….

판사 이전에도 새사람이 되겠다고 했습니다. 이전과 달라진 것이 무엇입니까?

피고인 이제 나이가 많아서 저 자신을 생각하지 않으면 안 됩니다.

판사 범행을 거듭하면 형이 무거워진다는 사실을 잊지 마십시오.

검사는 계획적 범행이었다고 냉정하게 지적했다.

검사 물건을 훔칠 때 너무나 능숙하고 당당했습니다. 전문적인 동시에 교묘한 수법이었습니다. 재범의 우려가 매우 높습니다.

검사는 3년 6월을 구형했다.
한편 변호인은 "계획성이 없었고, 피해액도 큰 액수가 아니"라고 주장하면서 관대한 판결을 요청했다.

판사 마지막으로 하고 싶은 말이 있습니까?
피고인 죄송합니다.

피고인은 힘없이 대답했다.

추가기록
기후 지방법원은 징역 2년 8월의 판결을 선고했고, 형은 그대로 확정되었다.

정성을 다해 기른 대마초

2014.10.27.

기후 현 다카야마 시高山市의 시가지에서 차로 약 30분 거리에 위치한 산속. 풀숲을 헤치고 길 없는 길을 가면 수목으로 둘러싸여 있지만 작게나마 빈터가 있는데, 여기에서 법으로 금지되어 있는 바로 그 식물이 재배되고 있었다.

검사 이게 이파리이고, 이게 줄기, 맞습니까?

10월 15일, 기후 지방법원 다카야마 지원의 법정 증언대 앞에는 대마초 줄기 101대가 진열되어 있었다. 이를 자세히 들여다보는 사람은 아르바이트로 생계를 꾸려가는 피고인 쓰치다 사토루(土田悟, 36), 그리고 공범인 남자다. 또 다른 공범 한 명은 공판일이 다르지만, 셋 다 같은 세대이다.

검사는 대마의 줄기와 이파리를 따로따로 나누어 담은 봉투를 하나씩 들어 보이며 피고인들에게 확인했다. 3명이 다카야마 산속에서 재배한 것이다.

모두진술과 피고인 신문에 따라 사건을 되짚어본다.

피고인 쓰치다가 처음 대마를 피운 것은 20대 초반의 일이었다. 나가노 현에 있는 야외 라이브 공연에서 한 남성에게 대마초를 건네받았다고 한다.

이후 수년간 피우지 않았는데, 25살 때 다카야마 시내에 자생하고 있는 대마초를 직접 채집해서 건조시킨 다음 궐련을 만들어 피웠다. 이후 노지에서 2~3대 꺾어오면 1년간은 피울 수 있었다. 주로 이파리를 이용했고, 줄기는 산에 버렸지만 씨앗은 버리지 않고 가지고 있었다.

검사 씨앗은 왜 버리지 않았습니까?

피고인 자생하고 있는 장소 옆으로 차가 다니는 길이 있어서, 경찰에게 잡힐지도 모른다는 생각을 했었고, 기회가 되면 직접 재배해보고 싶다는 생각도 했습니다.

검사 작년 가을부터 생각한 것입니까?

피고인 네, 그런데 혼자서는 할 수가 없었습니다.

피고인은 좋은 장소가 떠올랐다. 산속에 있는 지인의 땅이었다.

변호인 대마초 재배는 누가 생각한 것입니까?
피고인 제가 생각했습니다.

두 사람에게 같이 재배해보자고 제안했고, 동의를 얻었다.
2014년 5월 초순. 피고인은 가정용 비료, 식물용 영양제, 고무장갑, 작은 컵을 가지고 산으로 올라갔다.
먼저 잡초를 뽑은 다음 작은 삽으로 고랑을 내서 밭을 만들었다.

변호인 씨앗은?
피고인 1년 전에 준비해두었습니다.

고랑에 씨앗을 뿌리고 조심스럽게 흙을 덮었다. 씨앗이 조금 남아서 주변에도 뿌렸다.
피고인은 많게는 1주일에 한 번, 부지런히 산으로 갔다.
풀이 많아 여름에도 긴소매 옷을 입고 장화를 신었다. 밤에는 어두워서 플래시를 가지고 나갔다.

대마초가 얼마나 자라는지 확인하면서 물을 주고 잡초를 뽑았다. 성장이 나쁜 대마초는 솎아냈으며, 암꽃이 수분하지 않도록 수포기를 뽑고 손질했다.

다른 두 사람도 100엔숍에서 산 물뿌리개와 액체비료를 들고 산으로 향했다.

손질을 잘 해서 대마초는 무럭무럭 자랐고, 여름에는 그 일대에 304대가 군생했다.

변호인　그렇게 많이 재배한 이유는 무엇입니까?

피고인　길러본 적이 없어서 씨앗을 뿌리면 얼마나 자랄지 상상하지 못했습니다.

변호인　제3자에게 건넬 생각은?

피고인　전혀 그런 생각은 없었습니다.

하지만 세 사람의 이런 활동은 오래가지 못했다.

8월 20일. 피고인이 대마초를 수확하러 갔을 때, 그곳엔 경찰이 와 있었다.

피고인이 씨앗을 뿌린 지 약 1개월이 지난 6월 중순, 불법 투기 때문에 순찰감시를 하고 있던 다카야마 시청 직원이 밭에 재배되고 있는 대마초를 발견하고, 경찰에 신고한 것이다.

피고인은 그 자리에서 현행범인으로 체포되었고, 이후 대마단속법위반(재배) 혐의로 기소되었다. 재배는 소지보다 죄가 더 무겁다.

검사 경찰을 무서워하면서 왜 그만두지 않았습니까?
피고인 저의 의지가 부족했기 때문입니다.
검사 정상참작할 만한 동기는 전혀 없습니다. 세 사람이 사용하기에는 양이 너무 많고, 양도할 마음이 없었다고는 하지만 대마의 해악을 확산시킬 위험성을 내재하고 있는 악질적인 범행입니다.

마약단속법위반 혐의까지 받고 있는 피고인에게 검사는 징역 3년을 구형했다.

다른 두 사람에게는 각각 징역 2년 6월과 2년을 구형했다.

이에 대해 변호인은 아래와 같이 주장하며 집행유예를 요청했다.

"재배한 양이 많았던 것은 의도적이지 않았습니다. 양도나 영리의 목적은 없었습니다."

추가기록

기후 지방법원 다카야마 지원은 징역 3년에 집행유예 4년의 판결을 선고했고, 이를 확정했다.

아내와 딸을 지킬 의무가 있었다

2014.12.4.

자고 있는 아들의 가슴을 칼로 찔러 목숨을 빼앗은 아버지가 받은 판결은 집행유예였다. 도쿄 지방법원 다치카와立川 지원에서 11월 하순에 있었던 재판원재판의 결과다. 재판장은 "어쩔 수 없는 사정이 있었다"고 말했다. 함께 프라모델 조립하기를 좋아했고, 힘을 모아 대학입시를 치를 만큼 사이가 좋았던 부자에게 무슨 일이 있었던 것일까.

셋째아들(당시 28)을 살해한 죄로 기소된 사람은 도쿄 도 하치오지 시八王子市의 히구치 도시아키(樋口敏明, 65)이다. 피고인은 검은 양복 차림에 청보라색 넥타이를 매고 법정에 나타났다. 사건이 발생하기 전까지 감사법인의 회사원이었으며, 동료에게 성실하다고 평가받던 사람이었다.

검사의 모두진술과 피고인의 증언에 따라 사건의 경위를 따라가보면 다음과 같다.

약 10년 전, 도립 고등학교 2학년에 재학중이던 피고인의 아들은 정신장애 진단을 받았다. 방송통신고등학교로 전학을 가기는 했지만, 재수를 하고 대학에도 진학했다. 충실한 학창 시절을 보냈으며, 졸업 후에는 가스회사에 취직했다.

그런데 차츰 변화가 생겼다. 일처리를 제대로 하지 못해 직장을 전전하고, 스스로를 컨트롤할 수 없어 본인 또한 고민하기 시작하더니, 한 해 전 여름부터 가족에게 거친 말을 쓰고 차츰 폭력을 휘두르기 시작했다.

2014년 5월 하순, 피고인의 아내는 아들에게 맞아서 갈비뼈가 부러졌다.

"이제는 바깥으로 나가 아무나 때리고 부술 거야!" 아들은 소리질렀다.

피고인은 경찰과 보건소, 병원을 찾아가 상담을 거듭했다.

경찰은 "입원치료에 대해서는 주치의와 상의하고, 위해를 가했을 때는 경찰에 바로 신고하라"고 했고, 보건소에서는 "입원에 대해서는 주치의와 이야기하라"고만 했다.

또 주치의는 "입원한다고 해서 좋아진다는 보장이 없고, 본인 동의 없이 입원시켰을 때는 퇴원 후 가족에게 보복할 수도 있다. 단, 경찰 주도의 조치措置입원이라면 권하고 싶다"고 했다.

조치입원이란, 환자가 본인이나 다른 사람에게 위해를 가할 우려가 있을 경우, 정신과전문의 2명이 필요하다고 인정할 때 본인과 보호자 동의 없이 강제적으로 입원시킬 수 있는 제도다.

주치의는 법정에서 증언했다.

"본인 동의 없이 가족의 뜻에 따라 입원시킬 경우, 아들은 입원에 대해 부정적으로 여길지도 모른다고 생각했습니다. 경찰 주도의 입원이라면 본인의 인식을 바꿀 계기가 될 거라고 믿었습니다."

그러나 경찰은 조치입원에 대해 긍정적이지 않았다. 피고인을 상담할 때마다 "조치입원 사례에 해당하지 않는다"고만 했다. 평소 난폭한 아들이 경찰 앞에서는 얌전해졌고, 경비 아르바이트를 계속 하고 있다는 게 이유였다.

도대체 어떻게 해야 할까? 피고인은 고민에 빠졌다.

6월 6일, 사건이 발생했다.

이날 피고인은 혼자 병원에 가서 주치의에게 아들의 입원을 상담했다. '소셜워크', 이른바 사회복지사업의 일환으로 문제가 있는 사람에 대한 상담원 개별지도를 소개받았으나, 입원에 대해서는 역시 경찰 주도의 조치입원을 권했다.

오후 8시 30분, 아내에게서 문자메시지를 받았다. 아내가 실수로 아들이 근무하던 곳의 도구를 세탁했는데, 심하게 화를 내며 다 때려부수겠다고 난동을 부리고 있다는 것이었다.

피고인은 급하게 귀가했다. 난동을 부리고 있는 아들을 보고는 경찰에 신고했다.

달려온 경찰에게 피고인은 조치입원을 할 수 있도록 부탁했다. 아들은 이날 부모의 얼굴을 때리는 등 평소보다 더 심하게 폭력을 휘둘렀다. 하지만 경찰이 오자 안정을 되찾고 얌전해졌다. 경찰은 이번에도 조치입원은 어렵다고 했다.

경찰이 돌아간 후 아들은 잠이 들었고, 피고인은 목욕을 했다.

변호인 목욕을 하면서 무슨 생각을 했습니까?

피고인 주치의와 경찰에 계속해서 조치입원을 할 수 있도록 부탁했지만 안 됐습니다. 지금과 같은 정신치료에 관한 사회 구조 속에서는, 우리 가족이 구제받을 수 있는 방법이 전혀 없다는 생각이 들었습니다.

변호인 이후 폭력은 더 심해졌습니까?

피고인 그렇습니다. 아들은 '이제부터는 칼을 쓸 테니 각오하라'고 하기도 했습니다. 곧장 칼을 들고 덤빌 것만 같았습니다. 저야 피할 수 있겠지만, 무릎이 약한 아내는 피할 수도 없을 것입니다.

당시 집에는 부부와 아들, 그리고 딸까지 4명이 살고 있었다. 아내와 딸은 아들의 폭력에 두려움을 느끼며 떨었다.

변호인 가족이 피할 방법은 없었나요?

피고인 집을 나간다고 해도 아들은 제 근무처를 알고 있습니다. 직장에 뛰어들어와 난동을 부릴 것만 같았습니다.

변호인 경찰에 피해 신고를 하는 것은?

피고인 경찰에 끌고 가 넘기는 것은 아들을 범죄자로 만드는 일입니다. 이후의 보복을 생각하면 할 수 없는 일이었습니다.

7일 오전 3시, 피고인은 목욕을 마치고 2층에 보관한 끝이 두껍고 뾰족한 식칼을 들고 아들의 방으로 향했다. 자고 있는 아들 옆에 반쯤 일어선 자세로 앉아 왼쪽 가슴을 한 번 깊게 찔렀다.

피고인 저에게는 아내와 딸을 지켜야 할 의무가 있습니다. 경찰과 병원에서 대응할 수 있는 일에는 한계가 있겠지요. 그러나 폭력을 당하고 있는 상황에서 느긋하게 기다릴 수만은 없었습니다. 남편으로서, 또 아버지로서 이렇게 할 수밖에 없었습니다.

칼로 찌른 가슴에서 피가 흘러내렸다. 잠시 후 아들의 코에 손을 대보니, 더 이상 숨을 쉬지 않았다.

피고인은 그대로 아들 옆에서 잠을 잤다.

변호인 왜 그 옆에서 잤습니까?

피고인 원래 아들과는 사이가 좋았습니다. 아들을 기억하고 싶었습니다.

피고인은 법정에서 몇 번이고 아들과의 추억을 말했다.

둘 다 프라모델 조립을 좋아해서, 아들이 피고인을 위해서 '철인28호' 모형을 조립해준 적도 있었다. 대학입시 때는 함께 공부했고, 합격통지서를 받았을 때 아들은 "아버지, 감사합니다" 하고 인사했다. 대학 입학식 날, 양복을 입고 걸어가는 아들을 봤을 때는 정말 기뻤다고 피고인은 회상했다.

변호인 당신에게 아들은 어떤 존재였습니까?

피고인 친구와 같은 존재였습니다. 저 역시 아들에게 제일 좋은 이야기 상대였다고 생각합니다.

아침이 밝아왔다. 피고인은 가족에게 알리지 않고 경찰에 자수했다.

집을 나오기 전, "주치의에게 상담 가는 거"냐고 묻는 아내에게 "다녀올 테니 쉬고 있"으라고 했다.

아내 남편은 아들에게 최선을 다했습니다.

증인으로 법정에 선 부인은 울면서 말했다.

아내 저는 아들과 동반자살까지 생각했습니다. 하지만, 할 수 없었습니다. 경찰에게 몇 번이고 조치입원할 수 있도록 사정했지만 되지 않았습니다. 저는 어떻게 해야 할지, 방법을 찾지 못하고 있었습니다.

한편 피고인은 사건 발생 후 반년이 지난 '지금' 이렇게 말했다.

피고인 이제 와서 생각해보니, 그때 가족에 대해 폭력을 행사하는 아들을 경찰에 넘겨 세상의 구조 속에서 갱생의 길을 걷게 했어야 했습니다. 아들의 보복이 아무리 무서워도, 아들을 위해 그렇게 했어야 했습니다.

11월 21일, 검사는 징역 6년을 구형했으나, 도쿄 지방법원 다치카와 지원은 피고인에게 징역 3년에 집행유예 5년을 선고했다.

재판장　피해자의 목숨을 끊은 것은 물론 정당화될 수 없는 범죄입니다. 하지만 도저히 어떻게 할 수 없는 부분이 있었다고 볼 수밖에 없습니다. 피고인은 피해자의 인생의 기로에서, 아버지로서 최선을 다해서 돌봤습니다.

　　그리고 재판장은 덧붙였다.

　　"가족을 지키려고 한 당신의 행동이, 최종적으로 가족에게 가장 힘든 기억을 남겼습니다. 앞으로는 혼자 고민하지 말고 가족과 더 많은 이야기를 나누기를 바랍니다."

　　피고인은 자리에서 일어선 채 재판장의 말을 들었다.

　　아내가 훌쩍이는 소리가 법정 안에 낮게 울렸다.

추가기록

검사와 피고인은 항소하지 않았고, 판결은 그대로 확정되었다.

살인에 '어쩔 수 없는 사정'이 있어도 될까?

시오이리 아야塩入彩

"우리 집도 이와 비슷한 상황입니다." "남의 일이라고는 생각할 수 없습니다."

2014년 12월, 아버지가 정신장애 아들을 살해한 사건에 대해, 〈'아내와 딸을 지킬 의무가 있다'는 이유로 아들을 살해한 아버지에 대한 판결〉이라는 기사가 나오자, 세상은 떠들썩해졌다. '경찰, 보건소, 병원이 서로 책임을 떠넘긴 결과'라는 여론에서부터 '단순히 어느 한쪽만 비난할 이야기가 아니다'라는 의견까지, 많은 사람들을 생각에 빠지게 한 사건이었다.

방청하는 내내 가슴이 아팠다. 당시를 회상하는 피고인의 이야기를 들으며, 자신을 컨트롤하지 못하고 괴로워하는 아들, 폭력에 떠는 아내와 딸, 그리고 어디에 상담해도 해결되지 않고 궁지에 몰리는 피고인의 모습이 떠올랐다. "지금과 같은 정신치료에 관한 사회 구조 속에서는, 우리 가족이 구제받을 수 있는 방법이 전혀 없다는 생각"에 범행을 저질렀다는 피고인이 얼마나 원통했을지 생각하지 않을 수 없었다.

물론 '집행유예 판결을 긍정적으로 소개하고 있는데 피해자의 입장은 어떻게 되는가?'라는 독자들의 목소리도 있었다. 그렇다. "도저히 어떻게 할 수 없는 부분이 있었다"고는 하지만, 사람을 죽인 죄에 어쩔 수 없는 사정 같은 것이 있어도 되는 것일까? 판결 후, 몇 번이고 생각했다.

답은 아직도 찾지 못했다. 하지만 이 사건은 이 가족만의 문제가 아니다. '어쩔 수 없는' 상황으로 가족을 몰고 간 이 사건은, 사회적인 차원에서 생각하지 않으면 안 되는 문제일 것이다. 그 때문에 많은 독자들이 이 사건에서 여러 가지를 느끼고 생각하는 것이리라. 이것이 문제에 한 발짝 더 다가가는 발걸음이라 믿고 싶다.

방청석에 있으면 여러 가지를 생각하게 된다.

엄마가 3살 난 딸아이를 죽이려고 한 살인미수사건의 재판에서는 건강이 좋지 않아 힘들어하는 피고인의 고뇌, 그 원인을 알지 못하고 곤혹스러워하는 남편의 마음이 전해졌다. 언젠가 딸아이 마음의 상처가 치유되고 가족에게 웃음이 되돌아오는 날을 조용히 기대해보지 않을 수 없었다.

36년 전의 불륜에 분노를 느끼고 남편을 폭행한 아내에 대한 재판에서 "더 많이 남편에게 기대고 스스럼없이 대해야 했다"는 피고인의 후회를 듣고는, 어느 가정에서나 일어날 만한 어떤 '엇갈림'을 느꼈다. 판결 후, 한 재판원이 "나도 가족에 대해서 다시 생각해야겠다"고 했는데, 나 또한 같은 생각이었다.

살인사건도, 상해치사사건도, 거액의 사기사건도, 우리 일상에서 자주 일어나는 일은 아니지만, 방청석에 앉아 있다보면 '내가 이런 상황이었다면 어떻게 했을까' 생각하게 된다. '나도 이와 비슷한 나약함과 노여움을 가지고 있지는 않은가.' 그런 생각이 들면서 두려워지는 경우도 있다.

이 기사는 어디까지나 재판에서 이야기된 것을 담담하게 적어나갈 뿐이다. 어떻게 해야 한다는 답은 어디에도 없고, 쓸 수도 없다. 하지만 공판에서 밝혀지는 작은 사실들, 피고인과 증인이 무심코 내뱉은 말들에는 우리 모두가 한 번쯤 생각해볼 만한 무언가가 있다는 생각이 든다. 이런 법정의 숨소리를 전하고 싶다. 그런 생각을 하면서 방청석에 앉아 다시 펜을 든다.

3

어머니 죄송합니다,
더는 견딜 수가
없습니다

어머니 죄송합니다, 더는 견딜 수가 없습니다

2015.7.17.

"힘내서 100살까지 살아야지." 그렇게 말하곤 하던 98세 어머니를 74세 아들이 목 졸라 죽였다. 노노老老 간병의 비극적 결말이다. 단둘이 살고 있던 모자에게 과연 무슨 일이 있었던 것일까.

6월 25일 기후 지방법원에서 열린 재판원재판.

재판장 피고인을 징역 3년에 처한다. 5년간 형 집행을 유예한다.

10년 이상 간병해온 어머니를 죽인 살인죄. 수염을 덥수룩이 기른 피고인 우오타니 가쓰야(魚谷克也, 74)는 등을 구부린 채 무표정한 얼굴로 판결을 들었다.

법정에서의 증언에 따르면, 피고인은 후쿠오카의 고등학교를 졸업하고 25세에 철도회사에 입사해서 별 문제 없이 정년까지 다녔다. 과거 경찰 신세를 진 일은 교통위반 정도였다. 부모님과 아내, 두 딸까지 6명의 가족은 기후 현 오가키大垣 시내 자택에서 아주 평범하게 살았다. 십수 년 전 아버지는 돌아가시고, 성인이 된 딸들은 결혼해서 집을 떠났다.

인생이 꼬이기 시작한 것은 2003년, 어머니가 양 무릎 골절로 수발드는 사람 없이는 걷기조차 어려워지면서부터다. 방문 간호의 도움을 받았지만, 고부간에 크고 작은 문제가 생기면서 5년 전에 아내가 집을 나갔다.

그후 피고인은 어머니와 단둘이 살았다. 피고인은 어머니의 아침식사를 위해 계란말이를 하거나 된장국을 끓이는 등 열심히 돌봤지만, 차츰 불면에 시달리면서 우울증 진단을 받고 치료를 시작했다.

동시에 어머니는 치매가 진행되어 거의 누워서만 생활했다.

2014년 3월, 어머니를 개호노인보건시설*에 입소시켰으나, 반년 후 다시 집으로 모시고 왔다.

---

* 일본에서만 도입된 병원과 가정 간 중간 입소시설로, 간호와 회복기 재활치료를 받을 수 있다. 의료 법인이나 사회복지 법인이 운영하는 공공시설로 비교적 적은 비용으로 이용할 수 있다.

검사 어머니를 시설에 보내고 무슨 생각이 들었습니까?

피고인 잘 지내고 계시는지 늘 걱정이었습니다.

변호인 어머니께서 집으로 돌아오신 이유는?

피고인 시설에 두는 것이 안쓰러웠습니다.

그후 1주일마다 '쇼트 스테이', 이른바 시설에 단기 위탁을 하는 시스템을 이용했다. 또 매일 아침 점심 저녁 30분씩 식사 등의 도움을 주는 방문간병인의 도움을 받았다.

그사이 피고인의 우울증은 더욱 악화되었지만, 11월경부터는 병원에 가지 않았다. 위장도 나빠졌고 식욕도 떨어졌다. 삶에 대한 의욕이 날로 떨어지면서, 어머니를 위해서 죽을 끓이는 일도 어려워졌다. 간호만이 아니라 자신의 식사와 목욕마저도 귀찮아졌다.

궁지에 몰린 피고인은 2015년 1월 초, 어머니를 죽여야겠다고 생각했다.

검사 1월 초쯤 칼을 꺼냈습니까?

피고인 그 무렵부터 어머니를 죽여야겠다는 생각이 머릿속에 있었습니다.

식칼을 손에 들고 침실로 갔지만, 이날 피고인은 어머니를 찌르지 못했다.

검사 무엇이 무서웠습니까?
피고인 어머니가 몸부림치는 모습을 볼 수 없을 것 같았습니다.

사건이 발생한 것은, 그로부터 열흘이 지난 1일 17일이었다. 어머니가 쇼트 스테이에서 돌아온 다음 날이었다.

검사 쇼트 스테이에서 어머니가 돌아왔을 때 기분이 어땠습니까?
피고인 어머니를 시설에 맡겨도 걱정은 끊이지 않았습니다. 그렇다고 같이 있다고 행복한가 하면, 그렇지도 않았습니다. 어려웠습니다.

피고인은 오전 6시경 일어나, 부엌에서 어머니를 위한 죽을 끓였다. 어머니도 식탁 의자에 앉았지만 죽을 먹지는 않았다. 피고인은 그 앞에 앉아서 자신이 끓인 죽을 먹었다. "또다시 1주일이 시작되는구나." 긴 한숨을 내뱉은 피고인은 결국 넘어서는 안 되는 선을 넘었다.

변호인 죽이려고 생각한 것은 언제입니까?

피고인 죽을 먹고 있을 때, 그런 생각이 들었습니다.

변호인 왜 그런 생각이 들었습니까?

피고인 건강도 좋지 않아, 어머니를 혼자 남기고 죽게 될 경우 일을 여러 가지 생각해보았습니다.

오전 7시 10분경 어머니를 침실로 데리고 가서 똑바로 눕히고, 오른쪽에 무릎을 꿇고 앉아 두 손으로 목을 졸랐다.

어머니는 저항하지 않았다. 피고인은 약 15분간 그대로 어머니의 목을 졸랐다.

변호인 목에서 손을 뗀 후엔 무엇을 했습니까?

피고인 멍하니 걷기도 하고 앉기도 했습니다.

오전 8시, 복지간호사가 방문하자, 어머니가 넘어졌으니 일으켜달라고 부탁했다. 어머니의 입술이 보랏빛으로 변해 있어서, 복지간호사는 이상하다고 생각했다.

"제가 목을 졸라 죽었는지도 모르겠습니다." 피고인은 그렇게 말을 바꾸고 스스로 경찰에 신고했다.

"어떻게 이런 일을······?" 복지간호사의 질문에 피고인은 침

묵했다. 얼마 후 "미안합니다"라는 한마디를 던지고 피고인은 경찰에 끌려갔다.

검사는 법정에서 복지간호사의 조서를 낭독했다. 생전 어머니와 복지간호사 사이에서는 이런 말이 오갔다고 한다.

"100살이 되시면 시장님이 직접 오셔서 축하해준대요." 복지간호사가 그렇게 말하면 어머니는 "힘내서 그때까지 살아야지" 하고 대답하며 주먹을 들어 올렸다. 어머니는 가끔 아들에게 데려가달라고 했고, 아들의 얼굴을 보면 미소를 띠었다고 한다.

검사 어머니를 죽이기 전에 요양원에 모신다거나 도우미를 쓸 생각은 못 했습니까?

피고인 할 수 없는 일은 아니었지만, 연금만으로는 불가능했습니다.

검사 왜 따님들과는 상의하지 않았습니까?

피고인 두 딸 모두 아이가 있습니다. 아무리 부모라도 거기까지 신세를 지고 싶지는 않았습니다.

피고인은 작년 여름까지 근처에 사는 딸의 집을 자주 방문했지만, 겨울이 되면서 두 달에 한 번으로 줄었다. 그래도 손주를 보면 "별일 없니? 잘 지내니?" 하면서 흐뭇한 표정을 지었으나, 복지간호사 앞에서는 항상 "죽고 싶다"는 말을 했다고 한다.

판결 당일, 피고인을 집행유예로 처분한 이유에 대해 재판장은 이렇게 말했다.

"범행 당시 피고인은 우울증으로 인해 간호가 어려웠습니다. 지병이 범행에 크게 영향을 미치고 있어서 강하게 비난할 수만은 없다고 생각합니다. 앞으로 병을 치유하고, 따님들과 상의하면서 잘 살아가기 바랍니다."

재판 도중에는 이런 이야기도 오고 갔다.

변호인 지금 어머니에 대한 생각은?

피고인 정말 죄송한 마음뿐입니다. 되돌릴 수 있다면 되돌리고 싶습니다.

재판원 죽이지 않았으면 좋았을 것이라고 생각합니까?

피고인 지금이 가장 괴롭습니다.

피고인은 망설이지 않고 대답했다.

검사와 변호인 모두 항소하지 않았고, 판결은 그대로 확정되었다.

어머니 죄송합니다, 더는 견딜 수가 없습니다 **151**

자객과 나이프와 남자의 인생

2015.7.7.

남자는 종이에 적어온 자필 메모를 20분간 거침없이 낭독했다.

피고인 살인죄 기소는 절대로 받아들일 수 없습니다. ……저에
게는 그를 죽여야 할 이유가 없습니다. ……제가 찌른 것
이 아닙니다. 그것은 단순한 사고였습니다.

6월 23일 도쿄 지방법원 815호 법정. 돋보기에 보청기, 운동
복 차림의 남자가 최종진술을 하고 있다. 그는 매제를 죽인 죄
로 법정에 섰다. 나이프로 찌른 것은 우연한 사고였다고 남자는
주장했다.
주장의 근거로 남자는 자신의 파란만장한 반평생을 이야기
했다.

도쿄 도 스기나미 구杉並区에 거주하는 피고인 야마시타 가쓰미(山下勝美, 67, 무직)는 2014년 5월 26일 아침, 신주쿠의 보도에서 자전거를 타고 가던 매제(당시 68)를 뒤쫓아가 뒤에서 13센티미터의 나이프로 허리를 찔러 살해한 혐의를 받고 있다. 검사는 칼로 찌른 후에도 도망치는 매제를 뒤쫓아간 사실과 상처의 깊이가 12센티미터에 달했다는 점을 들어 살의가 명백하게 있었다고 주장했다.

한편, 피고인의 주장은 이렇다.

그날 아침 살고 있는 집의 임대보증인인 매제와 이야기를 나누기 위해 처남의 직장 근처에 있는 커피숍의 오픈 테라스에서 그를 기다렸다. 그런데 갑자기 커다란 그림자 하나가 오른쪽에서부터 훅 다가오는 것이 느껴졌다.

'자객'이라고 생각한 피고인은 순식간에 호신용으로 가지고 있던 나이프를 꺼냈다. 하지만 그림자는 곧 스쳐지나갔고, 그 대신 매제가 자전거를 타고 지나가는 것이 보였다. 이름을 부르면서 쫓아가자, 매제는 급브레이크를 잡았다. 충돌. 정신을 차리고 보니, 손에 들고 있던 나이프가 그를 찌르고 있었다.

검은 그림자, 자객, 호신용 나이프…… 보통 사람들의 일상에서는 좀처럼 사용되지 않는 단어가 차례차례 등장했다. 그런데 변호인은 "피고인의 반평생과 당시의 상황을 이해한다면 아주

자연스러운 일"이라고 밝혔다.

법정에서 피고인이 한 증언에 따르면, 피고인은 야마가타 현에서 태어나 홋카이도 공업고등학교를 졸업했다. 프로복서가 되고 싶었는데, 잠시 일했던 플라스틱 제조공장에서 손가락이 잘려나가는 바람에 포기했다. 그리고, 1973년에 주식투자컨설팅회사를 설립했다.

변호인 회사의 규모는?

피고인 도쿄, 나고야, 오사카, 뉴욕에 지사가 있었습니다. 직원은 모두 475명이었습니다.

변호인 이 회사 외에도 경영한 회사가 있습니까?

피고인 11개 정도를 경영했습니다. 자민당에서 총리를 지낸 사람과도 친분이 있었습니다. 대형 신문사 정치부장의 말을 듣고 잡지 발행도 했습니다.

변호인 그런데 왜 그만두었습니까?

피고인 사내에서 쿠데타가 있었기 때문입니다.

1998년, 모 주간지에서 피고인을 지목해서 기사를 실은 후, 피고인의 이름은 세상에 알려졌다. '금융 불상사 폭로의 정보원이라 할 수 있는 '이 남자'의 정체'라는 제목의 기사였다.

변호인 주간지에 나온 적이 있군요.

피고인 네. 야마이치 증권 등의 자료를 입수해서 폭로했었기 때문입니다.

변호인 당시 어떤 일을 했습니까?

피고인 버블이 끝나고 주가가 폭락했을 때입니다. 불량 채권을 가진 기업은, 이익을 실제 이상으로 계산하는 '분식결산'을 했었습니다. 외자계 기업에게서 일본 기업의 결산 내용을 알아봐달라는 부탁을 받고 조사했습니다.

실제 이 기사는 피고인을 다음과 같이 소개했다. "야마이치 증권을 파랗게 질리게 하는 부외채무簿外債務* 자료와, 일본채권신용은행의 불량 채권을 숨긴 비밀문서 등, 아무도 모르게 숨겨진 자료를 차례차례 폭로하는 의인." "정보를 탐내는 기자들이 매일같이 찾아오고, 금융기관으로부터는 공포와 증오의 표적이 되었다."

기사에는 양복 차림의, 체격이 좋은 피고인이 큰 입을 벌리고 3개의 화살을 쏘는 모습의 일러스트가 더해져 있다.

* 고의로 회계장부에서 빠뜨린 부채.

변호인 미움을 받는 일도 많았겠습니다.

피고인 미움을 받는 정도가 아니라 야쿠자에게 습격을 당한 일도 있었습니다.

변호인 어떻게 대처했습니까?

피고인 집으로 '죽이겠다'는 글의 팩스가 온 적이 있어서, 호신용 나이프를 샀습니다. 이번에 가지고 있었던 바로 그 나이프입니다. 즉각 대응할 수 있도록 외출할 때는 늘 지니고 다녔습니다.

또 변호인은, 피고인이 사건 열흘 정도 전에 약 1억 엔을 빌려 간 상대에게 협박에 버금가는 전화를 받았다고 강조했다.

변호인 불화가 있었습니까?

피고인은 지금은 사망하고 없는 검사 출신의 어느 변호사의 이름을 올렸다.

변호인 어떤 문제였습니까?

피고인 1억 500만 엔을 빌려주었는데 돌려주지 않아서 불평을 했습니다.

변호인 어떻게 되었습니까?

피고인 조직 폭력배가 전화를 해서는 "돈이 없으니 금액을 깎아 달라"는 말을 했습니다. 거절했더니 가만두지 않겠다고 했습니다.

변호인 가만두지 않는다면?

피고인 야쿠자와 싸워야 한다는 것으로 이해했습니다.

변호인 생명의 위협을 느꼈겠군요.

피고인 그렇습니다. 목숨을 빼앗길 위험이 있어서 긴장한 상태였습니다.

그렇다면 매제와의 사이에서는 문제가 없었을까.

검사는 피고인의 여동생이자 피해자의 아내에게서 들은 이야기를 토대로, '피해자가 사건 반년 전 피고인에게 200만 엔을 빌려주었으며, 피고인이 사는 집의 임대보증인이기도 했다'는 사실을 밝혔다.

변호인 당시, 아파트 관리인에게 제소당한 적이 있지요?

피고인 월세가 밀려서 저와 매제가 제소당했습니다. 매제는 혼자 변호사를 선임해서 승소했습니다.

변호인 매제를 원망하지는 않았습니까?

피고인 전혀 그렇지 않았습니다. 제가 신세를 지고 있는 처지여서, 매제가 승소한 것을 다행으로 여겼습니다.

변호인 매제에게 200만 엔을 받은 일은?

피고인 매제 회사가 동업자와 문제가 생겨서 제가 그것을 해결해주었습니다. 그 경비로 200만 엔을 받았습니다. 이 문제는 해결되었습니다.

마지막까지 피고인은 매제와의 사이에는 아무 문제도 없었다고 주장했다.

검사는 피고인이 사건을 일으킨 동기에 대해서는 직접적인 언급을 하지 않았으나, 재판원들에게 이렇게 말했다.

"피고인의 이야기에서 위화감이 느껴지지 않으십니까. 이해할 수 없는 이유로 사람을 찔렀다는 사실을 기억하시고 형을 내리시기 바랍니다. ……살의는 명백하고, 형을 가볍게 할 이유는 아무것도 없습니다."

검사는 징역 18년을 구형했고, 변호인은 과실치사죄를 적용하기를 요청했다.

"살인의 이유가 입증되지 않았습니다. 이유 없는 살인은 없습니다."

6월 26일, 도쿄 지방법원의 재판원재판은 살인죄의 성립을 인정하고 피고인에게 징역 15년의 판결을 선고했다.

재판장은 말했다.

"진술은 불합리하고, 강고한 살의가 보입니다. 동기는 명백하지 않지만 비난을 감소시킬 피치 못할 이유는 보이지 않습니다."

피고인은 재판장의 지적에 대해 아무 말도 하지 못하고 천천히 고개를 한 번 끄덕일 뿐이었다. 30일, 도쿄 고등법원에 항소했다.

추가기록

도쿄 고등법원은 항소를 기각했고, 피고인은 대법원에 상고했다.

36년 전 남편의 배신을 용서할 수 없었다

2015.6.24.

오랜 세월 같이 살아온 아내가 간병이 필요한 남편에게 폭력을 가했다. 사건 당시 머리를 스쳐간 것은 36년 전 남편의 배신. 마음 깊은 곳에 묻어둔 아내의 기억이 폭력으로 바뀌었다.

　6월 18일 도쿄 지방법원 422호 법정. 검은 카디건을 걸친 작은 몸집의 피고인 호리쿠치 묘코(堀口妙子, 71)가 증언대 앞에 섰다. 공소사실은 사건 당시 79세인 남편을 때려서 죽음에 이르게 한 상해치사죄였다. 연약하고 고상한 자태로 봐서 그런 범죄가 도저히 상상이 되지 않았다.

　사건은 2014년 7월, 도쿄 도 메구로 구의 고급 주택가에서 일어났다.

　검사의 모두진술과 피고인 신문을 통해 사건을 더듬어본다.

피고인은 약 50년 전 은행원인 남편과 결혼했고, 두 사람은 아이도 가졌다. 몸이 약한 남편은 58세에 조기퇴직했지만 적금과 연금으로 생활은 어렵지 않았다.

그런데 2014년 2월 말, 남편은 위암 수술을 받게 되고 퇴원 후 간병이 필요한 상황이 되었다. 키가 180센티미터 가까이 되는 남편을 151센티미터에 체중 40킬로그램의 피고인이 감당해야 하는 생활이 시작되었다.

"너무 갑자기 일어난 일이라 마음의 준비가 되지 않았습니다."

피고인은 그렇게 말했다. 그리고 이때, 36년 전의 힘들었던 기억이 뇌리를 스쳐 지나갔다.

일본이 제2차 오일쇼크로 흔들리던 1979년, 남편은 골프 약속이 있다며 외박하는 날이 잦았다. 의심이 생겨 남편의 명함지갑을 열어봤더니 젊은 여성의 사진이 들어 있었고, 남편을 추궁하니 미안하다고 사과하며 부정을 인정했다.

하지만 남편의 연애는 끝나지 않았다. 얼마쯤 지나 남편 회사 앞에서 기다렸다. 문에서 나온 것은 남편과 20세가량의 여성. 두 사람은 지하철을 타고 어딘가로 향했다. 처음에는 옆 차량에서 두 사람을 지켜보다가, 결국 참지 못하고 같은 차량으로 옮겨 타 두 사람 앞을 막아섰다.

세 사람은 다음 역에서 내렸고, 역 앞 공터에서 피고인은 여성에게 바싹 다가갔다. 가만히 쳐다만 보던 남편은 잠시 후 "이 정도로 하자"며 부인을 달랬다.

당시 남편은 45세, 피고인은 36세였다.

피고인 결혼할 때는 행복하게 해주겠다고 했는데, 배신당한 기 분이었습니다.

변호인 남편을 사랑하셨군요.

피고인 네.

피고인은 20세에 남편과 결혼한 후, 평생 남편 외의 남자와는 교제해본 적이 없다고 했다. 불륜 현장이 발각된 후에도 피고인 은 남편을 질책하지 않았다.

피고인 저에게도 잘못이 있는 게 아닐까 하는 생각도 들었고, 자 존심이 허락하지 않아서였는지도 모르겠습니다.

아이들에게 부부가 싸우는 모습을 보이기도 싫었다. 이 일에 대해 서로 깊은 대화를 나누지 못한 채 세월이 흘렀다.

그런데 지난 2013년, 부부가 옛 이야기를 나누다가 오래전의 불륜 이야기가 나왔다. 남편은 지나간 해프닝 정도로 생각한 모양인지, 점점 구체적으로 이야기하기 시작했다. 상대 여성을 점차 사랑하게 되었던 일, 함께 여행을 갔던 일, 언젠가 목걸이를 선물했던 일 등등.

피고인 배우자로서 참으로 듣기 싫은 이야기였습니다.

거기에 남편을 간병해야 하는 갑작스러운 상황이 더해지면서 피고인은 남편을 때리기 시작했다. 피고인을 화나게 한 것은 길어질 간병에 대한 불안과 36년 전 남편의 배신이었다.

정기적으로 찾아오는 케어 매니저에게 폭력에 대해 밝혔고, 케어 매니저는 "폭력은 위험하다"며 "남편을 요양원에 입원시킬 것"을 제안했다. 그러나 남편은 아내 옆에 있고 싶다면서 집에 머물 것을 희망했다.

그리고 2014년 7월 24일.

피고인이 장을 봐서 돌아오니 남편은 평상시와 마찬가지로 침대에 누워 있었다. 그때 갑자기 그 괴로웠던 기억이 떠올랐다.

불륜에 대해서 몇 마디 힐책을 한 것 같은데, 기억이 확실치 않다. 침대 위에 올라가 무릎을 세우고 앉아 남편의 얼굴을 때렸다.

검사 몇 번이나 때렸습니까?

피고인 몇 번인지까지는 기억나지 않지만, 때린 것은 확실합니다.

검사 대강이라도 좋습니다.

피고인 횟수나 힘의 세기 같은 건 기억이 나지 않습니다.

검사 왜 그렇습니까?

피고인 그때는 아무 생각도 할 수가 없었습니다. 아무것도 기억
나지 않습니다.

남편은 피고인의 폭력에 저항하거나 피하려고 하지 않았다.
마치 아내의 폭력을 받아들이는 것 같았다고 피고인은 밝혔다.

이틀 후, 남편의 상태가 급격히 나빠졌다. 저녁 무렵, 피고인
이 말을 걸어도 남편은 대답하지 않았고, 음료수를 먹여주면 입
밖으로 그대로 흘러내렸으며, 가끔 입에 거품을 물었다. 큰일이
라고 생각한 피고인이 "여보, 여보!" 큰 소리로 불렀지만 남편은
아무 반응이 없었다.

달려온 구급대원이 남편 눈 주위의 멍에 대해 물었다. 이틀
전 남편을 때렸다고 자백하자, 범죄행위라는 말을 들었다. 남편
은 다음 달 2일 급성 경막하혈종으로 사망했다. 10일 후, 피고
인은 상해치사 혐의로 체포되었다.

당시 피고인과 남편은 둘만 살고 있었다. 이미 독립한 장남은 말했다. "제가 알고 있는 어머니는 웃는 얼굴에 웃음소리가 끊이지 않는 사람이었습니다. 눈물이나 노여움, 폭력과는 거리가 멀다고 생각했습니다."

2014년 11월, 피고인의 보석이 허락되었다. 아들들이 보석금을 지불했다. 장남의 마음은 복잡했다. 생전에 아버지는 "나에게 무슨 일이 있으면 네 엄마를 부탁한다"고 말하곤 했었다. "지금도 아버지는 무덤 안에서 그렇게 말하고 있을 것 같습니다." 아들은 법정에서 "어머니를 잘 보살피겠다"고 맹세했다.

보석 후 피고인은 심리상담을 통해서, 사건을 되돌아보고 있다.

변호인 심리상담은 어떻습니까?

피고인 지금까지 알지 못했던 제 진짜 성격을 알게 되었습니다. 솔직하지 않고, 모든 일을 혼자서 처리하려고 하는 등…….

심리상담 후 보고서에서 피고인은 다음과 같이 기술하고 있다. '더 많이 남편에게 기대고 스스럼없이 대해야 했다. 30여 년 전 그때가 어쩌면 서로 본심을 보일 수 있는 기회였는데 놓쳐버

렸다. 진정한 의미의 마음의 교류가 부족했는지 모른다.'

변호인 어떤 남편이었습니까?
피고인 따뜻하고 좋은 사람이었습니다.
변호인 결혼생활은?
피고인 평범했으나 좋은 날들이었습니다.

사건이 없었다면 2014년 가을, 두 사람은 금혼식을 맞았을 것이다.

피고인 제 마음속에서 남편은 지워지지도 잊혀지지도 않습니다. 서로 더 많은 이야기를 나누어야 했다고 후회하고 있습니다.

검사는 징역 4년을 구형했다.
"피고인은 작년 5월부터 수차례 폭행을 가했습니다. 30여 년 전의 불륜이 현재의 폭력을 정당화할 수는 없습니다. 피해자에게는 과실이 없습니다. 피고인의 집념이 드러난 사건에 불과합니다."
이에 변호인은 집행유예를 요청했다.

"피고인의 폭력은 2014년 5월과 7월 두 번뿐이었고, 피고인은 진심으로 반성하고 있습니다. 폭력은 결코 용서될 수 없지만 간병과 불륜은 누구에게나 힘든 경험입니다."

추가기록

도쿄 지방법원은 징역 3년에 집행유예 5년의 판결을 선고했고, 형은 그대로 확정되었다.

딸의 마음을 찌른 망설임의 칼

2015.6.30.

결혼, 출산, 집 장만……. 순조로운 생활을 영위하고 있는 것처럼 보이는 젊은 엄마가 3살 난 딸아이에게 칼을 들이댔다. 엄마는 법정에서 어떤 병에 대해서 밝혔다.

6월 15일 도쿄 지방법원 718호 법정. 짙은 감색 원피스를 입은 피고인 무라카미 가오리(村上佳織, 37)는 두 눈에 눈물을 가득 담고 법정에 섰다. 당시 3살 난 장녀를 죽이려고 한 살인미수 혐의였다.

재판장 공소장 내용을 인정합니까?
피고인 인정합니다.

법정에서 사건 발생 경위가 밝혀졌다.

피고인은 취미로 스노보드를 타다가 지금의 남편을 만나 2009년에 결혼했고, 2011년에 장녀가 태어났다. 얼마 후 부부는 도쿄 도 내의 신축 맨션을 구입했다.

그런데 남편이 규슈로 전근을 가게 되는 바람에, 2012년 1월 모녀 둘만 새 집으로 이사했다.

생활은 순조로웠다. 4월에는 육아휴직을 끝내고 복직했다. 딸은 간혹 이비인후과에 가는 일은 있었지만 여느 또래 아이들과 다름없이 잘 자라고 있었다.

그런데 2013년 6월경부터 피고인의 몸에 변화가 생겼다.

피고인 따끔따끔 목이 아프고 온몸이 저렸습니다.

병원에 갔더니 '화학물질과민증'이라는 진단이 나왔다. 화학물질이 원인으로 두통과 어지럼증 등의 증상을 유발하나, 후생노동성에 따르면 전문가 사이에서도 의견이 갈려서 병치고는 명확하지 않은 부분이 많다.

피고인 딸아이도 나중에 이런 병에 걸릴 수도 있나 질문했더니,
그럴 가능성이 있다고 했습니다.

이후 피고인은 딸에게 유기농 식재료로만 조리해서 먹이는 등 세심한 주의를 기울였다. 증상의 원인이 새 집에 있다고 생각한 피고인은, 짐을 챙겨 근처 친정으로 들어가 살기도 했고, 남편과 상의한 후 오래된 아파트로 세들어 가기도 했다. 그래도 증상은 좋아지지 않았다. 남편이 도쿄로 복귀하는 때에 맞춰 2014년 4월, 가족은 다시 전에 살던 새 집으로 들어갔다.

변호인 당시 건강은 어땠습니까?

피고인 증상이 심해져서 구역질을 하고 밥을 잘 먹지 못했습니다.

변호인 집안일은?

피고인 청소는 친정어머니가 도와주셨고, 밥은 제가 했습니다.

변호인 외식은 하지 않았습니까?

피고인 딸아이의 건강을 생각해서 첨가물이 들어 있는 음식은 먹이지 않았던 터라.

이 무렵 피고인은 주변의 권유로 신경정신과에도 다녔다. 항우울제와 수면제를 처방받았는데, 체중이 한 달에 20킬로그램가량 늘었고 건강은 더 악화되었다.

남편과의 사이도 나빠졌다. 피고인은 이사하기를 원했지만, 남편은 다른 곳에 살아도 증상이 개선되지 않았다는 점을 들면서 반대했다. 또 피고인이 정해진 시간에 규칙적으로 밥을 먹여야 한다며 먹기 싫어하는 딸아이의 입에 억지로 밥을 떠넣는 것을 남편은 불편하게 생각했다.

그리고 사건 전날인 8월 9일, 시부모와 친정부모까지 모두 6명이 한자리에 모여서 이후의 일에 대해서 상의했다.

피고인 그 자리에서 제가 '죽고 싶다'고 했더니, 남편은 '그런 말을 하면 병원이나 경찰서에 가야 한다'고 했습니다. 저는 더 이상 견딜 수 없다고 생각했습니다.

남편과 양가 어른들은 그다음 주 피고인을 정신병원에 입원시키기로 하고 헤어졌다.

그리고 다음 날.

일요일이라 집에서 쉬고 있던 남편은 딸을 데리고 오전 내내 근처 하네다 공항에 비행기를 보러 갔다가 점심 때 돌아왔다. 피고인은 딸에게 점심을 먹이기 시작했다. 평상시와 같이, 피고인은 먹기 싫다는 딸의 입에 음식을 억지로 밀어넣었다. 남편 밥은 없었다. 남편은 화를 냈다.

"이제 아무것도 하지 마. 내 밥도, 아이 밥도 더 이상 하지 마."

남편은 그렇게 말하고는 점심을 먹으러 밖으로 나갔다. 집에는 피고인과 딸만 남았다.

피고인　사랑해서 결혼했는데, 남편은 아무것도 믿어주지 않았습니다. 저는 이제 쓸모없는 존재라는 생각이 들었습니다.

'가장 사랑하는 딸과 함께 죽자'고 생각한 피고인은 부엌에서 칼을 가지고 나와 거실에 있는 딸에게 다가갔다. 똑바로 누워 있는 딸 옆에 앉아 딸을 칼로 찔렀다. 딸아이의 얼굴은 볼 수가 없었다.

"아야하는 건 싫어." 딸의 울음소리가 들렸다. 딸은 평상시 주사를 맞을 때도 그렇게 말하곤 했었다.

작은 두 손으로 아이는 칼을 막으려고 했다. 몇 번인가 가슴과 등을 찔렸지만 울음소리는 그치지 않았다. 베개 위에 깔았던 수건으로 딸의 목을 감아 조르자 딸아이의 몸에서 차츰 힘이 빠졌다. 죽었다, 고 생각했다.

이번에는 자신의 복부를 찔렀다. 하지만 10번쯤 찔렀는데도 죽지 않았다. 목을 매려고 휴대전화의 코드와 벨트를 사용했지만, 도중에 끊어졌다. 그사이 남편이 돌아왔고, 남편은 바로 경찰에 신고하고 구급차를 불렀다. 피고인도 딸도 목숨을 건졌다.

피고인 염치없습니다. 딸에게는 정말 씻을 수 없는 죄를 지었다고 생각합니다.

딸의 상처는 전치 2주, 크지 않았다. 그래도 3살 난 아이의 마음에는 상처가 남았다. 사건 후 딸은 더 이상 '엄마'라는 말을 하지 않게 되었다.

"세상에서 가장 믿었던 엄마에게 배신을 당했기 때문인지도 모르겠습니다."

남편은 법정에서 이렇게 말했다. 그리고 피고인과 이혼 협의 중이라고 밝혔다.

"저와 딸아이의 인생에는 더 이상 관여하지 않기 바랍니다."

그러면서 친권은 자신이 갖는다고 말했다.

변호인 남편에게 이혼이나 친권에 관한 말을 들었을 때 어떤 마음이었습니까?

피고인 당연한 일이라고 생각했습니다.

변호인 앞으로 딸아이를 위해서 어떻게 할 생각입니까?

피고인 딸아이가 행복하게 잘 살 수 있도록 멀리서 지켜보는 게 가장 좋은 일이라고 생각합니다.

피고인은 딸이 원하지 않는 한 만나지 않겠다고 했다. 수개월에 한 번, 딸아이의 사진을 받아보는 것이 이혼의 조건이었다.

피고인은 건강 악화의 원인을 여전히 새 집 때문이라고 생각했다.

검사는 징역 5년을 구형했다.

"피고인의 독단적 생각에서 비롯된 사건으로, 딸을 죽여야 할 어떤 이유도 없습니다."

이에 변호인은 집행유예를 요청했다.

"몸이 아프고 정신적으로도 불안정했습니다. 그리고 깊이 반성하고 있습니다."

이어진 최종의견진술에서 피고인은 말했다.

"딸아이에게 남긴 마음의 상처가 걱정되고 또 걱정됩니다. 딸아이가 세상에서 가장 행복한 사람이 되기를 바랍니다."

그리고 피고인은 덧붙였다.

"나와 딸의 목숨을 구해준 남편에게 감사하다고 말하고 싶습니다."

6월 19일, 마에다 이와오前田巖 재판장은 징역 3년에 집행유예 5년의 판결을 선고했다.

"피고인의 잘못된 독단적 생각에서 비롯된 사건이지만, 피고인은 정신적으로 불안정했고 가족 속에서 고독감을 느끼고 살았습니다."

그러나 피고인의 건강 상태가 나빠진 원인에 대해서는 말을
피했다.

그런데 어떻게 딸의 몸에 난 상처는 그렇게 깊지 않았을까.

"친자식을 죽인다는 것은 쉬운 일이 아닙니다. 망설이고 주저
했을 것입니다. 그래서 무의식중에 손에 힘이 들어가지 않았다
고 생각합니다."

마에다 재판장은 그렇게 덧붙였다.

추가기록

검사와 피고인 모두 항소하지 않았고, 판결은 확정되었다.

성실한 의사의 또 하나의 마음

2015.3.23.

2014년 5월, 대학병원의 한 방에 등유를 뿌려 방화한 사건이 일어났다. 체포된 사람은 병원의 수련의였다. 조사가 진행됨에 따라, 7년 전 그가 의대생이었을 때부터 범죄를 거듭해온 사실이 밝혀졌다.

3월 9일 마쓰에松江 지방법원에서 시작된 재판원재판. 검정 양복을 입은 남자에게 직업을 묻자 작은 소리로 대답했다.

"의사입니다."

건조물 방화 등의 혐의로 기소된 피고인은 시마네 대학島根大学 의학부 부속병원 수련의 아토 유지(阿藤祐司, 28, 징계 해고 상태)였다. 피고인은 부속병원의 수련의들 방에 등유를 뿌리고 42평방미터를 태웠다.

2년 전 가가와 대학香川大学 의학부를 졸업하고 시마네 대학
병원에 수련의로 들어온 피고인은 1년간 마쓰에 시립병원에 파
견되었다. 방화를 저지른 것은 부속병원으로 돌아온 다음 달의
일이다.

피고인은 사건 발생 보름 후 체포되었는데, 조사과정에서 부
속병원 방화 외에 다른 의혹들이 차례차례 드러났다. 7년 전 가
가와 대학 재학 시절에는, 자신이 소속되어 있던 궁도부 창고와
자신의 차를 불태우고 자동차 보험금까지 타냈고, 2013년 시립
병원에 근무할 때는 익명으로 병원을 폭파하겠다는 협박문을
보냈다.

검사의 공소장 낭독이 10분 이상 이어졌다.

"인정합니다."

피고인은 공소사실을 모두 인정했다. 검은 테 안경 뒤에서 가
끔 눈을 움직일 뿐 표정은 흐트러짐이 없었다. 피고인은 무릎
위에 손을 올리고 앞만 바라보고 있었다. 수련의들이 쓰는 방에
불을 지르기 위해 등유 18리터를 혼자 옮겼다고 하는데, 신장
166센티미터의 작은 몸집으로는 상상하기 어려웠다.

피고인은 왜 범죄를 반복했을까. 재판에서 밝혀진 사실을 토
대로 그의 삶을 따라가보면 다음과 같다.

어린 시절 수술을 받은 것을 계기로 피고인은, 초등학교 5학

년 때부터 의사를 목표로 열심히 공부했다. 삼수해서 가가와 대학에 합격했을 때는 정말 기뻤다.

대학 입학 후에는 궁도부에 가입했다. "대학 성적은 최상위였고, 궁도도 매일 늦게까지 열심히 연습했습니다." 법정에서는 동기들의 조서가 낭독되었다.

사회적인 성공이 보장되었다고 생각되는 인생이었는데, 입학 1년 후부터 무언가가 뒤틀리기 시작했다.

2008년 2월, 피고인은 궁도부 용구 창고에서 궁도복에 식용유를 흩뿌리고 불을 붙였다. 졸업생을 위한 모임에서 공연할 안무 연습이 잘 안 된다는 게 이유였다. 항상 모든 면에서 완벽하다고 자만하고 있던 자신을 선배가 나무라자, '궁도장이 없어지면 궁도부에 나오지 않아도 된다'고 생각했다.

창고 화재 탓에 졸업생을 위한 모임은 연기되었다.

그런데, 방화 때 사용한 자동차가 방범카메라에 찍혔을 수도 있다는 불안이 머리를 스쳤고, 피고인은 2주 후 자동차마저 불태웠다. 보험회사에는 원인불명의 화재라고 신고해서, 166만 엔의 보험금을 지급받았다.

이런 사실을 주변에선 당연히 알지 못했고, 체포되기 직전 지도교수에게 "수련 후 우리 병원에 와달라"는 스카우트 제의까지 받았다.

한편 동기들은 이렇게도 말했다.

"신경질적이고 사소한 일에도 고민을 많이 하는 성격이었습니다." "채혈을 잘 못해서 대신 해주면 표정이 굳고 언짢아했습니다."

대학 때부터 사귀었다는 여성 간호사에게는 "응급상황 때 지시하는 게 힘들다" "기관삽입을 잘 못하겠다"는 등 곧잘 나약한 소리도 했다고 한다.

의사면허증을 받은 후, 2013년 봄부터 마쓰에 시립병원에서 근무하기 시작한 피고인은 성실한 태도로 좋은 평가를 받고 있었다. 그런데 어느 날 응급실 환자에게 "당신을 믿을 수 없다"는 말을 들었고, 그후 점점 자신감을 잃어갔다.

7월, 병원장 앞으로 익명의 편지를 보냈다.

'항의할 말이 있다. 수련의 옆에 항시 지도교수가 함께 있도록 개선하지 않으면 병원을 폭파하겠다.'

모두 5번 편지를 보냈고, 병원에서는 예정했던 수술 등을 연기했다.

2014년 봄, 대학 부속병원으로 돌아왔으나, 자신감을 잃어가고 있는 와중에 지도교수에게 야단을 맞았다. 의사를 그만두고 싶다는 생각에 피고인은 수련의들이 쓰는 방에 불을 질렀다.

피고인 열등감 때문에 괴롭기만 한 이 공간에서 도망가고 싶다는 마음뿐이었습니다. 그때는 그것밖에 없다고 생각했습니다.

법정에서 피고인은 의사로서의 모습을 보이기도 했다.

피고인 제가 알고 있는 정신과의 지식으로, (제가) 병을 앓고 있는 것은 아니라고 생각합니다.

피고인은 또 이렇게도 말했다.

피고인 저 자신을 궁지에 몰아넣고 엉뚱한 생각을 할 때가 있는데, '마음에 결함이 있는 게 아닌가' 하는 생각도 듭니다.

검사는 범죄가 조금씩 계획적으로 발전했다고 지적했다.

검사 왜 등유를?
피고인 작은 불로는 수련의 방을 다 태우지 못할 거라고 생각했습니다.
검사 왜 셀프주유소에서 구입했습니까?

피고인 5월에 등유를 사면 범인으로 지목받을 것 같았습니다.

검사 수련의 방에 들어갈 때 창으로 들어간 이유는 무엇입니까?

피고인 방문으로 들어가려면 ID를 남겨야 했습니다.

검사 사물함실 창으로 나온 이유는?

피고인 방범카메라를 피하기 위해서였습니다.

계획성과 충동성이 뒤섞인 것 같은 인상이다.

70세 변호인은 이렇게 말했다.

"판단력이 있는 의사가 왜 이런 짓을 했을까요. 오랜 시간 많은 사건을 보아왔지만, 이렇게 이해하기 어려운 사건은 많지 않았습니다."

미간에 손가락을 대고 듣고 있던 재판장이 말을 시작했다.

"사람은 누구나 스트레스를 안고 살아갑니다. 어째서 피고인은 피고인 자신의 스트레스를 해소하기 위해 다른 사람을 희생시켜도 된다고 생각합니까? 불을 지르면 한순간에 당신의 노력이 보상받을 수 있다고 생각했습니까? 의사이기 이전에 사람으로서 해서는 안 되는 일이 아닙니까."

피고인은 "네" 하고 짧게 답했고, 재판장은 다시 말을 이었다.

"당신 같은 사람이 대체 왜 이런 짓을 했는지 이해할 수 없습니다."

증인석에 선 정신과의사는, 피고인이 대학 시절 처음으로 방화했을 때 졸업생을 위한 모임이 연기되었다는 사실을 지적하며, 피고인이 이를 '성공체험'으로 받아들이고 있다고 분석했다.

"상황을 조금 바꿀 수 있었다는 만족감이 마음속에 자리잡은 것 같습니다."

피고인은 갈등 상황에 놓이면, 자기 자신이 아니라 주변 상황을 바꾸어서 도피하려 했다는 것이다. 이런 설명에 재판장은 고개를 끄덕였다.

재판원들도 말을 보탰다.

남성 재판원 저는 아무리 일이 싫어도 아내와 아이들을 생각하면 참을 수 있습니다. 당신에게도 누군가 소중한 사람이 있습니까?

여성 재판원 나약한 소리를 한다고 모두 약한 사람인 것은 아닙니다. 일기를 쓰고 자신을 돌아보는 일이 중요하다고 생각합니다.

마지막으로 하고 싶은 말을 묻자, 피고인은 이렇게 답했다.

"체포된 후에야 많은 사람들에게서 도움을 받고 있다는 사실을 알았습니다. 마이너스에서 출발하지만 다시 신뢰를 쌓아가고 싶습니다."

이후 피고인의 의사면허는 취소되었다.

재판이 진행되는 과정에서 재판장은 다음과 같이 말했다.

"반성을 잘 하지 못하는 피고인에게, 인생 최대의 반성을 하게 했습니다."

17일, 구형보다 2년 짧은 징역 6년의 판결이 확정되었다.

재판장은 마지막으로 덧붙였다.

"자신의 미숙함과 행동을 자각하고 반성한다면 제대로 된 사람으로 다시 태어날 수 있습니다. 이런 기대를 받아들여주기 바라며, 판결합니다."

추가기록

검사와 피고인 모두 항소하지 않았고, 판결은 확정되었다.

애정과 폭력의 경계에서 흔들린 여자

2015.3.31.

여자는 지팡이를 짚고 불안한 걸음으로 법정에 나타났다. 기어 들어가는 목소리로 대답하는 연약한 모습과 그녀의 범죄가 연결되지 않았다. 죽을 때까지 남자에게 폭력을 휘두른 것은 무엇 때문이었을까.

3월 9일 야마구치 지방법원 1호 법정.

피고인 인정합니다.

피고인 오하시 가즈에(大橋和惠, 57, 무직)는 상해치사죄 등의 공소사실을 모두 인정했다.

검사의 모두진술과 피고인 신문을 토대로 사건을 따라가보면 이렇다.

피해자는 피고인과 오랫동안 교제했던 남성으로, 2014년 6월 사망 당시 66세였다. 2011년 지인의 소개로 처음 만난 두 사람은 관계가 가까워지자, 야마구치 현 이와쿠니 시岩国市에 있는 남성의 집에서 동거를 시작했다. 피고인은 남성을 '아빠'라고 불렀고, 휴일에는 전남편과의 사이에서 낳은 아이들과 함께 캠핑을 가기도 했다.

두 사람의 관계는 순조로웠으나, 1년 후 피고인의 폭력이 시작되었다. 동기는 모두 사소한 것들로, 남성이 전등을 끄지 않았다거나 수도꼭지를 꼭 잠그지 않았다거나 하는 것들이었다.

피고인 몇 번이고 말을 했지만 듣지 않았습니다. 3살짜리 아이도 알아들을 일이었습니다.

검사 폭력의 빈도는?

끊이지 않는 폭력 때문에 남성은 2013년 10월경 경찰에 신고했고, 피고인은 폭행 혐의로 체포되었지만, 기소유예로 곧장 석방되었다. 당시 야마구치 지방법원은 피고인에게, 남성에의 폭력을 이유로 DV° 방지법에 따라 6개월 접근금지명령을 내렸다. 이후 피고인은 히로시마広島 시내로 거처를 옮기고 생활보호를 받으면서 지냈으나, 약 1개월 후 이와쿠니 시내의 작은 술집에서 우연히 남성과 재회했고, 두 사람은 다시 만나기 시작했다.

판사 피해자가 당신을 다시 만나기 시작한 이유는 무엇입니까?
피고인 그는 한 달에 열흘 정도밖에 일거리가 없을 때도 있었는데, 제가 생활보호비를 받고 있었기 때문에 그 돈으로 그에게 쌀을 사주기도 했습니다.

2014년 4월 접근금지명령이 풀렸을 때, 남성은 경찰에 "지금도 그녀가 와 있지만 다투거나 하지도 않는다. 접근금지명령의 연장은 생각하지 않고 있다"고 말했다.

그런데 6월 10일, 사건이 발생했다.
피고인과 남성은 수일 전부터 마쓰리를 보기 위해 히로시마에 있는 피고인 집에서 지내고 있었다. 이때도 피고인은 가끔 남성을 폭행했다. 전등을 끄지 않거나 해서였다. 남성은 퍼렇게 멍든 얼굴을 마스크로 감추었다.

• 가정 내 폭력domestic violence.

10일 저녁 무렵, 폭력을 견디지 못한 남성은 밖으로 뛰쳐나갔으나, 피고인은 뒤쫓아가 남성을 다시 데리고 들어왔고, 이 상황을 지나가던 행인이 목격했다.

피고인은 창피한 모습을 남들에게 보이게 했다고 화를 내며 남성의 머리를 맥주병으로 때렸다.

그러고는 화가 가라앉자 남성의 상처를 치료해주고, 진통제도 주었다. 남성은 자신의 집으로 돌아가겠다고 했다.

택시를 불러서 두 사람은 남성의 집으로 향했다. 소주에 물을 타서 마셨기 때문에 남성은 차 안에서 말없이 잠들어 있었다.

집에 도착하자 피고인은 남성의 머리에 난 상처를 다시 과산화수소수로 소독해주었다.

그런데 진통제와 소주 때문인지 화장실에 간 남성이 다리에 힘이 빠져 몇 번인가 넘어졌고, 이에 화가 난 피고인은 주먹으로 남성의 머리를 때렸다. 남성은 화장실에서 겨우 나와 방바닥에 누웠다.

남성은 누운 채 더러워진 속옷을 갈아입으려고 했다. 남성의 머리에서 피가 흘러, 가까이에 있던 피고인의 핸드백에 묻었다. 핸드백은 남성이 피고인의 생일에 선물한 것이었다.

감정이 폭발한 피고인은 남성을 몇 번이고 발로 걷어찼고, 처음엔 비명을 지르던 남성은 차츰 조용해졌다. 이때 남성의 왼쪽 갈비뼈 12개 중 6개가 부러졌고, 그 일부가 폐를 찔렀다.

조용해진 남성은 코를 골기 시작했으나, 피고인의 분노는 잦아들지 않았다. 엎드려 잠이 든 남성의 등을 가위로 찔렀다. 상처는 50군데에 달했다.

잠시 후 피고인이 남성의 코에 손을 대보았으나, 숨을 쉬지 않았다. 죽은 것이다. 이때 피고인은 심장 마사지를 시도했다고 한다.

법정에서 피고인은 손목을 긋는 시늉을 하면서 말했다.

피고인   저도 이렇게 해서 '아빠'와 같이 죽고 싶었습니다. 그런데 아이들을 생각하니 그럴 수 없었습니다.

이따금 피고인이 보인, 애정으로도 받아들일 수 있는 행동과 집요한 폭력. 변호인은 이에 대해 "피고인의 정신상태는 정신지체와 정상의 경계, 즉 '경계영역'에 있었다"고 호소했다.

변호인   피고인은 모든 사태를 보통 사람들이 생각하는 이상으로 심각하게 받아들이고 있습니다. 문제에 직면했을 때 대응능력 또한 현저하게 떨어집니다.

남성의 작은 실수를 빌미로 죽을 정도로 폭력을 휘두른 것이, 보통 사람보다 문제에 대한 대응능력이 떨어지기 때문이라는 것이었다.

검사 핸드백과 피해자 가운데 어느 쪽이 더 중요합니까?

   이 질문을 받은 피고인이 흐느껴 울며 대답했다.

피고인 지금 생각하니, '아빠'가 더 중요합니다.

   검사는 남성을 사망에 이르게 한 6월 10일의 폭행은 "일상적 폭력의 연장에서 발생한 사건이며 지극히 안이하고 제멋대로인 동기에서 비롯한 것이다"라고 말하며 징역 10년을 구형했다.
   변호인은 남성의 상처를 치료하고 심장 마사지를 했다는 사실을 강조하면서 감형을 요청했다.
   판결은 3월 11일에 확정되었다.

재판장 피고인의 정신상태가 '경계영역'에 있다는 것은 인정합니다. 하지만 지적 장애에 이를 정도는 아닙니다. 상황에 따라 일반적인 행동을 취하고 있으므로, 이것이 크게 영향을 미쳤다고는 볼 수 없습니다. 피해자를 사망에 이르게 한, 되돌릴 수 없는 결과를 가져온 책임의 무게를 자각하고 갱신의 길을 걸어야 합니다.

재판장은 징역 6년의 판결을 선고했다.

고개를 푹 숙인 채 판결문을 듣고 있던 피고인은 천천히 일어나서 인사를 했다.

추가기록

검사와 피고인 모두 항소하지 않았고, 판결은 확정되었다.

범인은 내 안의 또 다른 나

2015.8.26.

'성우 아이코'라는 사람이 길에서 만난 남성에게 수면제를 먹여 재운 다음 금품을 빼앗았다. 도쿄 도 내를 중심으로 이어진 연속 혼취昏醉강도사건. 피고인은 자기 안의 또 다른 인격이 사건을 일으켰다고 법정에서 주장했다. 수수께끼에 싸인 사건의 진상을 알고 싶어하는 사람들로 방청석은 늘 만석이었다.

7월 27일, 도쿄 지방법원 710호 법정. 강도 혐의로 기소된 피고인 시라이 미나토(白井みなと, 31)는 회색 운동복 위에 검은 점퍼를 걸치고 있었다.

피고인 저와 똑같은 인물이 찍힌 방범카메라의 영상을 보았습니다. 그리고 제 안에 또 다른 인격이 있다는 것을 알았습니다. 그 인격체가 범행을 저질렀을지도 모른다고 생각했습니다.

체포 전 경시청이 공개한 방범카메라의 영상에 찍힌 아이코는, 표범무늬 모자를 쓴 긴 머리의 여성이었다. 하지만 2014년 7월에 체포된 피고인은 짧은 머리에, 평소 남자로 생활하고 있었다. 피고인은 개인 블로그에 자신을 '성동일성장애'*라고 소개했다.

체포 후 피고인은 혐의를 부인했다. 2014년 9월 첫 공판에서도 기억이 없다며 공소사실을 부인했다. 그런데 2015년 5월 주장을 바꾸었다.

"사건 기억은 전혀 없지만, 제 안의 또 다른 인격이 사건을 일으켰을지도 모릅니다."

변호인은 강한 스트레스 등이 원인으로 기억이 지워지는 해리성 기억상실의 가능성을 지적하며, 사건 당시 피고인에게는 책임능력이 전혀 없었다고 주장했다.

* 생물학적 성sex과 사회적·심리적 성gender이 일치하지 않는 증상. 인격적으로는 자기가 반대 성에 속한다고 생각한다.

변호인 이번 사건에서 기억나는 일이 있습니까?

피고인 제가 사는 연립에 가방이 하나 있었습니다. 안에는 부러진 선글라스와 핑크색 모자, 가루약 같은 것들이 들어 있었습니다. 수상한 약일지 몰라 가방째 모두 버려버렸습니다.

변호인 달리 기억하는 일은?

피고인 저에게 '아이코에게'라는 제목의 문자메시지가 와 있었습니다. '아이코, 잘 지내니' '아이코, 술 한잔하자'라는 내용의 글이었습니다. 잘못 보낸 것이라고 생각해서 답신하지 않고 삭제했습니다.

피고인의 얼굴은 표정이 없고 창백했지만, 말은 비교적 정확하게 하고 있었다.

변호인은 '여자'로 태어났지만 평소에는 '남자'로 생활하고 있었던 피고인의 삶을 짚어나갔다.

변호인 자신의 성별에 위화감을 느낀 것은 언제부터입니까?

피고인 초등학교 4학년 때 성교육시간과 체육시간에 남녀가 나뉘어 수업을 받았는데, 당시 제가 여자 쪽에 가는 게 맞는지 의문이 들었습니다.

중학교 때도 주로 체육복을 입고 지냈다는 피고인. 고등학교 때는 주변 여학생들과 잘 어울리지 못하고, 1학년 때 중퇴했다. 23세 때, 성동일성장애에 대해 좀 아는 술집 주인에게서 "마음은 남자구나" 하는 말을 듣고, 처음으로 자신에게 성동일성장애가 있다는 사실을 자각했다.

변호인 평상시 여자 옷을 입는 일은 없습니까?
피고인 전혀 없습니다.
변호인 여자 옷을 입고 여자 모습을 하는 것에 대해 어떻게 생각합니까?
피고인 생각만 해도 불쾌합니다.

피고인은 가족과도 잘 지내지 못했다.

피고인 아버지는 성질이 급했고, 욱 하면 폭력을 휘두르는 사람이었습니다.

성별 위화감에 따른 정체성 혼란, 누구에게도 상담할 수 없는 고독감……. 피고인은 차츰 정신적으로 불안해졌다. 19세 무렵부터 정신과에서 수면제를 처방받았다. 수차례 자살을 시도했으나 미수에 그쳤다.

변호인 기억이 완전히 지워진 적도 있습니까?

피고인 자주 있습니다. 대개 술을 마실 때 그랬습니다.

변호인 술을 마시지 않았을 때도 그런 적이 있습니까?

피고인 있습니다.

　변호인의 질문 등을 통해, 피고인이 이미 2011년에 강도미수 사건을 일으켰지만 사건 당시의 기억이 전혀 없고 책임능력도 없었다는 이유로 불기소 처분됐던 사실이 밝혀졌다. 한편 피고 인은 체포 후 임신 사실을 알게 되어 2014년 12월에 출산했다. 그러나 임신 6개월까지 피고인은 임신에 대해 전혀 알아차리지 못했으며, 남성과 잠자리를 한 적이 없다고 주장했다.

　변호인은 2015년 4월 공판에서, 피고인의 이상행동에 대해 서도 언급했다. 피고인이 자신을 '겐키 군'이라 칭하며, 4세 정 도 남자아이의 말투로 말하기 시작했다는 것이다.

변호인 당시의 기억이 있습니까?

피고인 없습니다. 나중에 변호인에게 들었습니다.

변호인 3월에는 유치장에서 '미나토 형을 구해줘'라고 했다는 기록이 있는데, 그 기억은?

피고인　없습니다.

변호인이 피고인의 어머니와 친구들에게 들은 이야기에 따르면, 전에도 갑자기 어린아이처럼 응석을 부리거나 굵은 남성의 목소리로 자신을 '코지'라 칭한 적이 있다고 한다.

변호인　변호인에게 해리성 인격장애*의 가능성에 대해서 들었지요?

피고인　네.

변호인　5월에 사건을 인정한 이유는 무엇입니까?

피고인　제 안에 아주 어린 인격이 하나 있다는 것을 알았습니다. 그리고 겐키 군 외에도 다른 인격이 더 있다는 생각이 들었기 때문입니다.

'아이코' '겐키' '코지'……. 피고인에게는 다양한 인격이 있었다. 사건은 이 다른 인격들이 일으킨 것일까? 이틀 후, 이번에는

• 한 사람 안에 둘 또는 그 이상으로 구별되는 정체성이나 인격이 존재하는 정신질환.

검사가 추궁하기 시작했다.

검사 당시 피고인이 사귀고 있던 여성에게 '시라이'라는 명의로
5번 송금한 기록이 있습니다. 이것은 당신이 맞습니까?

피고인 제가 보냈습니다.

검사 왜 보냈습니까?

피고인 처음에 보낸 것은 그녀가 기르던 개의 치료비였고, 그다
음은 그녀가 일을 할 수 없게 되었기 때문에 보낸 것입
니다.

피고인에게는 당시 사귀는 여성이 있었다. 피고인은 한 번에
수십만 엔의 돈을 송금하기도 했다.

검사 당시 피고인 역시 생활보호비를 받고 있었는데, 이 돈은
어디에서 난 것입니까?

피고인 작곡을 몰래 대신 해주고 돈을 받았습니다.

검사 누구에게 곡을 팔았나요?

피고인 자세하게 말씀드릴 수는 없습니다. 요코하마에 사는 사
람입니다.

2013년 12월, 피고인은 사귀던 여성에게 약속한 돈을 입금하지 못했다.

검사 이후 아이코가 혼취강도 행위를 했는데 이것은 그녀를 위한 것이었습니까?

피고인 아닙니다.

검사는 방범카메라에 찍힌 '아이코'가 쓰고 있던 표범무늬 모자에 대해서도 질문했다.

검사 이전에 하라주쿠에서 친구의 선물을 산 적이 있다고 하셨지요? 언제쯤입니까?

피고인 2013년 10월, 친구를 위해 옷을 구입했습니다.

검사 그 가게에서 표범무늬 모자를 팔고 있었습니다. 거기서 산 것이지요?

피고인 잘 기억나지 않습니다.

검사 범인은 이때부터 표범무늬 모자를 쓰고 있었습니다. 당신이 준비한 것이 아닌가요?

피고인 아닙니다. 적어도 제 생각은 아닙니다.

검사가 더 추궁했다.

검사 형을 줄이기 위해서 어린아이를 연기한 건 아닙니까?
피고인 아닙니다.

진상은 대체 무엇일까?

추가기록
도쿄 지방법원은 2015년 9월, 피고인의 정신감정 실시를 결정했다.

출세욕과 돈으로 인생을 망친 은행원

2015.10.16.

초대형 은행의 전직 간부가 고객에게서 억대의 돈을 편취한 거액 사기사건. 피고인의 인생은 언제부터 잘못되기 시작했을까?

8월 3일 도쿄 지방법원 422호 법정. 증언대 앞에 도쿄 도 내은행 전직 간부였던 피고인 다니자와 가쓰히코(谷沢克彦, 52)가 있었다. "이런 일을 저지르게 되어 정말 죄송합니다." 와이셔츠를 입고, 안경을 쓴 옆모습에서는 성실한 은행원의 모습이 엿보였다.

피고인의 혐의는 은행 고위 간부였던 2011~2012년, 특별히 재산이 많은 고객을 골라 가공의 투자 이야기로 약 2억 1,500만 엔을 편취했다는 것이었다. 피고인은 다른 고객에게서도 같은 수법으로 고액의 돈을 편취해서 손해배상청구소송에 휩싸

였다. 관계자에 따르면, 당시 모아들인 돈이 수십억 엔에 이른
다고 한다.

피고인은 도쿄 도 내의 중위권 대학을 1987년에 졸업하고,
시중 은행에 입사했다. 2005년에는 도쿄 도 내 한 지점의 지점
장이 되었다. 법정의 피고인 신문에서 "동기 중에서는 승진이
빠른 편이었다"고 회상했다.

그 대가는 컸다.

피고인 출세하기 위한 인맥을 만들기 위해서 지나치게 많은 돈
　　　　을 썼습니다.

거래처와의 식사, 친분을 쌓기 위한 보험 가입. 고급 음식점
에서의 식대로 하루에 30만 엔을 쓰는 일도 있었다.

체포 직후 조사에서 피고인은 이렇게 말했다.

"출신 대학으로 따지면 동기들을 이길 수 없었지만, 더 잘 나
가고 싶다는 욕심이 있었습니다."

하지만 아내에게 받는 한 달 용돈은 5만 엔. 승진할 때마다 용
돈을 올려달라고 하고 싶었지만, 말하지 못했다. 지점장이 되기
수년 전부터 메울 수 없는 지출을 카드론 등으로 돌려막다보니
다중채무가 되었다. 빚은 어느새 수천만 엔으로 부풀었다.

변호인 다중채무가 은행에 알려지면 어떻게 됩니까?

피고인 생활지도를 받고 좌천되기도 합니다.

변호인 변호사에게 문의해보지는 않았습니까?

피고인 다중채무가 드러나 지위를 잃는 것이 두려웠습니다.

2005년 11월, 피고인은 처음으로 가공의 투자 건으로 은행 고객의 돈을 편취했다. 지점장이라는 지위를 교묘하게 이용했다. 투자 이야기를 할 때는 은행 접대실을 이용해서 마치 은행이 관계하고 있는 것처럼 했고, 월 3퍼센트의 배당을 받을 수 있다며 권유했다.

초대형 은행 지점장이라는 자리는 막강했고, 고객은 차례차례 속았다. 사건은 그렇게 시작되었다.

배당을 돌려주지 않으면 바로 발각되는 무모한 사기로 보이지만, 피고인은 돈을 마련할 자신이 있었다고 했다. 은행 몰래 따로 M&A 지원 사업을 맡으면, 그 성과보수로 빚을 메울 수 있을 거라 생각했다는 것이다.

그 진위에 대해서는 알지 못하지만, 어찌되었건 기대했던 보수는 손에 들어오지 않았고, 피고인은 고객의 배당 지불에 쫓기게 되었다. 위험한 자금운용에 대한 소문은 '기업의 약점을 캐고 기업으로부터 불법 이익을 챙기는 무리들'의 귀에도 들어가,

그들의 입을 막기 위한 돈까지 필요해졌다.

변호인 편취한 돈은 어디에 사용했습니까?

피고인 80퍼센트는 투자한 고객들에 대한 배당과 수수료, 18퍼
센트는 약점을 이용해서 금전을 강요하는 무리들의 입을
막기 위한 돈, 나머지 2퍼센트는 회식, 그리고 현금을 보
관하기 위한 장소 임대료 등으로 이용했습니다.

변호인 돈이 남기는 했습니까?

피고인 남지 않았습니다.

2012년 7월, 피고인이 돈을 메워나가는 데 한계가 왔다. 일
련의 문제가 발각되고 9월에는 결국 은행에서 징계해고되었다.
최종적으로 고객에게 변제하지 못한 돈은 10억 엔이 넘는다고
한다.

검사가 다그쳤다.

검사 원래 은행원은 급여 이외의 보상을 얻어도 되는 것입니까?

피고인 안 됩니다.

검사 갚을 돈이 많지 않다고 느꼈던 겁니까?

피고인 많지 않은 것은 아니지만 계산만 잘 맞으면 감당할 수 있

다고 생각했습니다.

피고인은 맡은 돈을 가지고 미술품과 골동품을 중국으로 판매하는 사업, 휴대전화의 어플리케이션 개발 사업에도 투자했다고 말했다.

검사 피고인이 자금을 운용한 투자처는 어느 것 하나 실하게 보이지는 않습니다만.

피고인 리스크를 감수하고라도 수익을 얻고 싶었습니다.

판사도 의문을 던졌다.

판사 지점장이라는 자리가 그렇게 중요했습니까?

피고인 사회적으로 높은 지위이고 신분이라서…….

판사 하고 있는 일과 지키려고 하는 지위가 모순되지는 않았습니까?

피고인 자리에 연연했다고 생각합니다.

판사 해도 되는 일과 해서는 안 되는 일이 있다는 걸 알고 계시죠? 당신이 하는 말은 '숫자만 맞으면 된다'는 것처럼 들립니다. 그래서는 안 되는 거 아닙니까?

피고인 맞습니다.

일련의 문제가 발각된 후 피고인은 아내와 이혼하고 집도 팔았다.

판사 어느 단계에서부터 잘못되었다고 생각합니까?
피고인 집을 담보로 친구에게 돈을 빌린 때입니다. 아니 그전에 카드 빚을 많이 졌을 때입니다.

돈을 빌리기 시작하면서 인생이 꼬였다고 회상하는 피고인에 대해 판사는 납득하지 못하겠다는 얼굴이었다. 한 개인이 사용할 수 있는 돈에는 한계가 있다. 도가 넘는 돈을 지출한 피고인의 금전감각을 의식한 판사는 이렇게 말을 이어나갔다.

"당신이 보유한 재산과 지출의 균형을 맞추지 못한 것은 아닙니까. 되돌려야 할 시점은 그 훨씬 전부터일 것입니다."

8월 25일 논고구형공판(論告求刑公判). 검사는 피고인을 엄하게 나무라며 징역 8년을 구형했다.

"초대형 은행의 고위 간부라는 지위를 최대한 이용해서 저지른 이 범행은 매우 악질적입니다. 피고인에게 자산은 남지 않았고, 피해를 변상할 가망도 없습니다."

이에 대해 변호인은 집행유예를 요청했다.

"자리를 지키기 위한 일들이 하나하나 쌓여서 큰 사기가 되어 버렸습니다. 그래도 피고인은 끝까지 고객에게 변제하기 위해서 노력했습니다."

9월 25일 판결이 확정되었다.

"고위 간부의 지위와 신용을 교묘하게 이용한 피고인의 행위는 악질적인 범죄라 할 수 있습니다. 은행 안에서의 지위를 지키기 위해 계속해서 빚을 지고 또 변제에 쫓긴 나머지 저지른 범행입니다. 참작할 수 있는 동기는 없습니다."

판사는 이렇게 단정하고 징역 7년의 실형 판결을 선고했다.

판결을 다 듣고 난 피고인은 조용히 증언대 앞에서 고개를 숙였다. 피고인 측은 10월 5일, 마지막까지 변제하고자 노력했다는 점 등이 고려되지 않았으며, 또한 범행에 비해 형이 지나치게 무겁다는 이유로 도쿄 고등법원에 항소했다.

해서는 안 되는 개인지도

2015.12.11.

법률가가 되기 위한 좁은 문, 사법시험. 이 사법시험의 문제를 오랫동안 출제해온 헌법학의 제1인자가 여제자에게 시험문제를 흘렸다는 혐의로 기소되었다. 이 사건은 전국을 깜짝 놀라게 했다. 그는 왜 넘어서는 안 될 선을 넘어버린 것일까?

12월 10일, 도쿄 지방법원 앞에는 사법시험 누설사건의 방청권을 손에 넣기 위해 300명 가까운 사람이 줄을 섰다. 당첨된 약 40명으로 방청석은 꽉 찼고, 메이지 대학明治大学 법과대학원 전 교수인 피고인 아오키 유스케(青木雄介, 67)는 짙은 감색 양복에 파란 넥타이를 매고 법정에 들어왔다. 그는 검사가 공소장을 읽는 동안 증언대 앞에서 고개를 숙이고 있었다.

피고인은 2015년 2월 초부터 5월 초에 걸쳐 자신이 출제한 사법시험 헌법 분야의 단답식과 논술 문제를 사전에 20대 여성에게 흘렸다는 국가공무원법(비밀유지의무) 위반 혐의로 기소되었다.

판사가 부정에 대해 질문하자 피고인은 조금 높은 목소리로 "인정합니다"라고 말했다.

피고인은 메이지 대학 법과대학원에서 교편을 잡는 한편, 10년 넘게 사법시험 문제 출제위원을 맡고 있었다. 검사에 따르면 피고인과 여성이 만난 것은 수년 전으로 거슬러올라간다. 청강생으로 선택과목 수업을 듣는 한 학생에게 피고인의 눈길이 머물렀다. 피고인은 당시의 기억을 법정에서 이렇게 더듬었다.

"성실하게 열심히 공부하는 학생이었습니다. 이듬해부터는 내 세미나를 듣고, 매주 질문을 하러 왔습니다. 이런 학생이 내 딸이었으면 좋겠다고 생각한 것이 처음 본 인상이었습니다."

피고인에게는 아내가 있었지만, 2013년경부터 40세가량 나이 차가 나는 그 제자와 교제를 시작했다. 이듬해 5월 제자는 사법시험을 치렀다. 그해에도 피고인은 문제를 출제했지만, 누설하지 않았다. 그런데 제자가 불합격 통지를 받자, 피고인은 잘못된 길을 걷게 된다.

검사 왜 누설했습니까?

피고인 9월에 불합격 통지를 받고도 그녀는 울지 않았습니다. 그런데 내년을 위해서 열심히 하자는 뜻으로 같이 밥을 먹는데, 갑자기 그녀가 울기 시작했습니다. 마치 내 딸이 우는 것 같아서 마음이 아팠습니다.

검사 문제를 누설할 결심을 했을 때, 모든 것을 잃을 거라고는 생각하지 않았습니까?

피고인 멀리 보지 못했습니다. 당장의 일만 보였습니다. 잘못될 것이라고는 생각하지 못했습니다. 지금 돌이켜보니 정말 어리석었다는 생각만 듭니다.

검사 발각되지 않을 거라고 생각했습니까?

피고인 발각될 가능성이 있다고 생각했지만, 그래도 어떻게든 해주고 싶다는 마음이 더 컸습니다.

　검사도 변호인도 여성의 출석은 요구하지 않았다. 대신 검사가 증거로 제출한 여성의 진술조서를 낭독했다. 조서에서 피고인이 문제를 누설한 상황이 자세하게 밝혀졌다.

　"도움이 부족했다." 시험에 떨어진 직후인 2014년 9월, 피고인은 이렇게 말했다. 이듬해 2월 초, 피고인은 단답식 문제가 전부 적힌 종이를 준비한 뒤 제자를 연구실로 불렀다. "50분 만에 이 문제들을 풀어보라"고 한 뒤 피고인은 여성의 답지를 확인하며 하나하나 세심하게 지도했다. 이런 개별지도는 시험 직전인 5월 초까지 수차례 반복되었다.

3월에는 헌법 논술 문제도 보여주었다. 역시 "2시간 안에 풀어보라"고 지시한 뒤 논점의 포인트와 답안의 구성을 수차례에 걸쳐 첨삭지도했다. 여성은 정답을 암기했다. 사법시험에는 단답식도 논술도 피고인이 보여준 것과 똑같은 문제가 나왔다.

판사가 피고인에게 의문을 던졌다.

판사 여성으로부터 어떤 공작은 없었습니까?

피고인 없었습니다.

판사 가르친다고 해도, 꼭 그렇게까지 해야 했습니까?

피고인 확실하게 합격하게 하려면 적당히 해서는 안 된다고 생각했습니다.

판사 딸 같다고 했는데, 딸로서 만난 것은 아니었지요?

피고인 아닙니다.

판사 그 부분이 정확하지 않군요.

피고인 사귀고 있어서 알려주었다기보다는……. (이미 교제하고 있던) 2014년에는 알려주지 않았습니다. 제 개인 생각입니다만, 교제하고 있었기 때문이라기보다는 그녀가 우는 모습을 보니 마치 내 딸이 울고 있는 것 같아서 어떻게라도 해주고 싶었던 것 같습니다.

그런데 여성의 너무나 완벽한 답지를 보고, 채점을 하고 있던 다른 출제위원이 부정을 의심했다. 이에 대해 피고인은 '특별히 이상하지 않다'고 대응했지만, 결국 문제는 발각되었다. 피고인은 의혹이 불거진 다음, 여성에게 "증거가 될 만한 것은 없겠지?"라고 확인까지 했다고 한다.

피고인은 법정에서 "제자의 능력을 믿어주지 못했습니다. 그녀에게도 미안하게 생각합니다"라며 반성했다. 한편 피고인과 사건에 대해 여성이 어떻게 생각하는지는 법정에서 밝혀지지 않았다.

이 사건으로 피고인은 모든 것을 잃었다. 메이지 대학 법과대학원에서는 징계해고되었으며, 다른 4개 대학의 비상근 강사직도 내놓았다.

변호인 연구자로서 이후 무엇을 할 생각입니까?
피고인 동료 연구자의 신뢰를 배반해버렸으니, 더 이상 연구자로서 살 수는 없다고 생각합니다.

검사가 까다로운 질문을 던졌다.

검사 법률가에게 요구되는 것은 무엇입니까?

피고인 공평해야 한다는 것을 최우선시하면서 살아왔습니다만,
  공평하지 못한 짓을 해버렸습니다. 어리석음을 통감하고
  있습니다.

검사 만약 여성이 부정한 방법으로 법률가가 되었다면 어땠을
  까요?

피고인 법의 지배원리를 일그러뜨렸을 것입니다.

  마지막으로 판사가 피고인을 추궁했다.

판사 여성은 법조인이 되려고 한 사람입니다. 모범이 되지 못한
  것을 탓하는 게 아닙니다. 이 일이 얼마나 중대한지 생각
  하지 못한 것을 이해할 수 없습니다.

  검사는 "범행 동기는 너무나 어리석어서 참작할 수 있는 상황
이 전혀 없습니다. 이 사건은 모든 법 교육자와 그 관계자 그리
고 피고인 밑에서 공부한 많은 학생들에 대한 배반이며, 그 사
회적 영향은 몹시 큽니다"라며 징역 1년을 구형했다. 그러나 변
호인은 "피고인은 진심으로 반성하고 있습니다. 모든 사회적 지
위를 잃고 또 제재를 받고 있습니다"라고 말하며 관대한 판결을

요청했다.

마지막으로 판사 앞에 선 피고인은 아주 작은 소리로 말했다.

"되돌릴 수 없는 짓을 했습니다. 죄송합니다."

추가기록

도쿄 지방법원은 징역 1년에 집행유예 5년의 판결을 선고했고, 그대로 형을 확정했다.

숟가락에서 떨어진 딸아이의 목숨

2015.12.30.

그날 저녁, 1년 2개월 된 여자아이는 난생처음 숟가락을 쥐고 음식을 직접 입에 넣었다. 가족은 모두 손뼉을 치며 아이의 성장을 기뻐했다. 다음 날, 엄마는 여자아이의 목을 졸라 죽였다.

2015년 12월 1일, 마쓰에 지방법원에서의 재판원재판. 법정에는 돌잔치에서 건강을 기원하는 떡을 등에 업고 있는 여자아이의 사진이 비쳤다. 사건 발생 1주일 전의 사진이다. 피고인 다카하시 가스미(高橋香澄, 41)가 검은 정장을 입고 무표정한 얼굴로 조용히 모니터를 바라보고 있다.

법정에서의 증언에 따르면, 외동딸인 피고인은 오사카에 있는 대학에 진학했으나 부모의 뜻에 따라 1997년 시마네 현으로 돌아와 고등학교 교사가 되었다. 그리고 4년 후 동료 남성과 결혼했다. 그후 옮긴 학교에서 인간관계에 문제가 있어 2003년에 휴직했으며, 2007년 심리적 스트레스에서 비롯된 신체 질환인 심신증 진단을 받고 퇴직했다.

휴직 무렵부터 피고인은 이상행동을 보이기 시작했는데, 부부는 이것을 '폭발'이라고 했다. 사건 후 이혼한 남편은 법정에서 다음과 같이 증언했다.

검사 폭발이란?

전 남편 감정이 고조되면 전처는 끝없이 이야기를 하려고 했습니다.

검사 예를 든다면?

전 남편 예를 들어 국회에서 고이즈미 수상이 '인생도 가지가지 회사도 가지가지'라고 했을 때, 분개한 전처는 감정이 고조되어 폭발했습니다. 그녀는 '나는 일을 더 잘할 수 있었는데 왜 할 수 없는가. 사회가 이상하다'면서 화를 냈습니다.

남편의 전근으로 현의 동부로 이사하게 되면서 피고인은 안정을 되찾았다. 폭발도 줄어들었고 불임치료도 시작했다.

감정을 거의 표출하지 않는 피고인이 법정에서 몇 번 "기뻤다"는 말을 했다. 긴 불임치료 끝에 드디어 임신사실을 알게 되었을 때, 그리고 출산했을 때였다.

피고인의 가는 목소리가 핀 마이크에 연결된, 특별히 준비한 스피커를 통해 법정에 울려퍼졌다.

변호인 임신을 알았을 때는?

피고인 주차장에서 기다리는 전 남편에게 문자를 보내자 바로 병원 안으로 뛰어들어와서 함께 기뻐했습니다.

2013년 7월에 장녀를 출산하고 생후 1주부터 육아일기를 쓰기 시작했다. 매일 배변을 본 시간과 우유의 양 등 세세한 것까지 기록했다. 육아강좌에도 참석해서 목욕시키는 법, 건강을 체크하는 법 등을 배웠다.

그런데 육아가 점차 걱정거리로 변했다. 꼼꼼한 피고인에게 특히 이유식 만드는 일은 큰 부담이었다.

변호인 어떤 게 가장 힘들었습니까?

피고인 시금치의 섬유질을 제거하는 방법을 배웠습니다. 그런데 줄기를 하나하나 손으로 떼어내는 데 반나절 이상 걸려서 너무 힘들었습니다.

변호인 2014년 1월에는 이유식의 횟수가 하루에 2번이 되었군요.

피고인 어떻게 메뉴를 정해야 할지 몰랐습니다. 건강이 나빠지고 제대로 잠을 이룰 수가 없었습니다.

부부는 시댁의 별채로 들어갔다. 시부모가 하루 종일 아이를 돌봤다. 그래도 피고인의 건강은 회복되지 않았다. 스스로 목욕도 할 수 없었고 옷도 갈아입지 못할 정도가 되었다. 가족이 말을 걸어도 대답을 하지 못했다. 시어머니가 손녀를 어르거나 밥을 먹이는 모습을 옆에서 가만히 바라볼 뿐이었다. 2014년 6월에는 조증과 울증을 반복하는 조울증 진단을 받았다. 가족은 항정신병약을 처방받아 피고인 몰래 국에 말아서 먹였다.

피고인은 달라졌다. 딸아이에게 이유식을 먹이기도 하고 기저귀를 갈아주기도 했다. 가족들은 3주 만에 약을 끊었다. 피고인은 요리도 하고 친척들에게 인사도 했다. 남편도 시부모도 모두 회복했다고 믿었다. 하지만 피고인만은 달랐다.

변호인 목욕을 할 수 없었을 때와 비교해서 건강은 좋아졌습니까?

피고인 저 스스로는 그렇게 좋아졌다고 생각하지 않았습니다.

판사 주변에 대해서 어떤 생각을 했습니까?

피고인 기대하고 있다는 생각에 마음이 무거웠습니다.

9월의 사건 전날. 딸아이가 처음으로 숟가락을 잡았다. 시아버지는 너무 좋아하며 "이제부터가 더 큰일이겠다" 하고 말했다. 피고인은 기쁨과 동시에, '내일부터는 아이에게 숟가락 잡는 법을 내가 직접 연습시켜야 한다. 혼자서 해야 한다'는 부담감을 느꼈다.

그리고 사건 당일 아침.

"힘들다." 피고인은 출근하는 남편에게 그렇게 말을 흘렸다. 여러 불안이 머릿속에 떠올랐다. 우연히 콘센트를 보는데 전깃줄이 눈에 들어왔다.

옆 이불에서 자고 있는 딸아이의 목에 전깃줄을 감았다. 목에 흔적이 남았다. 이제는 되돌릴 수 없다고 생각하고, 손에 전깃줄을 감아 다시 세게 당겼다. 아이는 숨을 가쁘게 쉬었지만 손의 힘을 빼지 않았다. 피고인은 자신의 목에도 전깃줄을 감았다.

시어머니는 보통 아침 7시 30분이면 자신의 방으로 오는 피고인과 손녀딸이, 이날은 8시가 되어도 오지 않자 이상한 생각이 들어 밖으로 나가보았다. 그러자 얼굴이 벌게진 피고인의 모습이 보였다. 시아버지가 별채에 가보니 손녀가 천장을 보고 쓰러져 있었다. 곧장 병원으로 옮겼지만 아이는 사망했다.

피고인은 법정에서 "되돌릴 수 없는 일을 했습니다. 딸에게 사죄하고 싶습니다"라고 반성의 말을 했다.

검사가 사건의 동기에 대해 질문하자 피고인은 대답했다.

"딸아이가 죽는 것은 저 역시 죽는 것입니다."

변호인 측 정신과의사는 "딸과의 경계가 애매했다"고 분석했다. 변호인은 심한 우울증으로 인해 피고인이 심신미약 상태였다고 주장했다.

한편 "딸이 없어지면 어떻게 될 것이라고 생각했습니까?"라는 검사의 질문에 피고인은 "불안이나 고민이 가벼워질 거라고 생각했습니다"라고 답했다. 검사 측 정신과의사는 "폭발처럼 보인 피고인의 공격성이 범행으로 이어진 것"이라고 지적했다.

재판에서는 피고인의 책임능력이 최대 쟁점이 되었다. 재판장은 12월 11일 "범행 시의 기억이 선명하다"는 등의 근거를 들어 완전책임능력을 인정하고, 징역 4년의 판결을 선고했다. 판결을 선고받고도 피고인의 얼굴에는 아무런 변화가 없었다. 검사와 변호인 모두 항소하지 않았고, 판결은 확정되었다.

페이스북을 통해 지인들과 관심을 공유하기 시작한 것은 그리 오래되지 않았다. 그런데 어느새 친구들의 일상뿐 아니라 세상의 많은 일들까지 페이스북으로 접하게 되었다. 오늘은 스파게티를 먹었고 어제는 덮밥을 먹었다는 소소한 일상을 빠짐없이 기록하는 친구가 있는가 하면, 봄에는 도쿄의 벚꽃을 가을에는 교토의 단풍을 사진으로 찍어서 올리는 친구도 있다. 오랜 시간 만나지 못해도 무엇을 생각하고 무엇에 관심을 가지고 사는지 그들의 모습을 엿본다.

나는 고등학교 때까지 일본에서 지냈다. 지금은 서울에 살지만 같은 교복을 입고 꿈을 이야기하고 미래를 상상했던 친구들이 있는 도쿄가 그리워질 때가 있다. 서로 얼굴을 마주할 수 있는 사실적 공간은 떨어져 있지만, 온라인 속에서나마 그들과 같은 공간에서 희희낙락 이야기를 나눈다.

작년 여름, 먹거리 외에는 특별한 이야기를 하지 않던 친구가 아사히신문 온라인판 '오늘도 방청석에 있습니다'에 실린 「어머니 죄송합니다. 더는 견딜 수가 없습니다」라는 기사를 올렸다. 그리고 "왠지 남의 이야기 같지 않다"는 글을 더했다. 이것이 나와 이 책의 첫 만남이다. 미혼인 친구는 어머니와 단둘이 살고 있다. 어머니는 친구의 도시락을 싸줄 만큼 건강하지만 친구는 언니의 결혼, 아버지의 죽음 그리고 커다란 집에 남겨진 두 사람의 삶에 대해 부담을 안고 있는 처지라 남의 일로 보이지 않았던 모양이다. 그래서 이 이야기를 페이스북의 친구들과 공유하고 서로의 생각을 나누고 싶었던 것 같다.

재미난 것은 이후 다른 친구들도 '오늘도 방청석에 있습니다'에 실린 글을 하나둘 공유해서 올렸다는 사실이다. 그렇다면 분명 지금 일본에서 화제가 되고 있는 글이라는 생각에 언제부터인가 나도 찾아서 읽기 시작했다. 처음에는 '세상에 이런 일이 있다니……' 하며 참으로 안타까운 마음에 이마를 찌푸렸으나, 점점 나 또한 '결코 남의 이야기가 아니다'라는 생각을 하며 빠져들게 되었다. 물론 일본이라는 나라의 특수성 때문에 발생하는 사건도 있지만 꼭 그렇지만은 않은 일도 많았다. 특히 자식을 키우는 부모로서, 육아 스트레스에서 비롯된 슬픈 사건을 읽을 때는 사회적으로 어떤 해결책이 마련되어야 한다는 생각이 들었다.

아사히신문 재판 담당 기자는 사회의 주목을 받는 대형 재판만이 아니라, 법정의 방청석에서 보고 들은 작은 사건들을 세상에 알리고 싶었다. 이것이야말로 지금 일본의 "일그러진 한 부분"이라고 생각했기 때문이다. 한정된 지면에는 도저히 다 담을 수 없는 글들을 아사히신문 온라인판 '오늘도 방청석에 있습니다'에 싣기 시작했다. 여기에 SNS를 통해 독자의 생각이 더해지면서 일본 사회에 큰 파장을 일으켰다. 소소한 일상을 담았던 내 친구들 역시 관심을 가지고 서로의 생각을 나누었다.

굳게 닫힌 집안에서 일어난 작지만 엄청난 사건들이 소개되자, '우리 집에서도 일어날 수 있는 일들'이라는 사실에 사람들은 댓글로 생각을 보냈다. 그러면서 기사는 사람들과 함께 살아 움직이기 시작했다. 남의 일에 좀처럼 관심을 가지지 않는 일본 사람이지만, 인터넷이라는 공간 속에서는 자신의 생각을 여과 없이 표현했다. 이렇게 퍼져나간 '오늘도 방청석에 있습니다'의 이야기는 올해 책으로 만들어졌다. 반응은 폭발적이었다.

사기, 폭행, 살인……, 이런 일들은 특별한 공간에서 특별한 사람들에게만 일어나는 이야기라고 생각했다. 그런데 여기에 소개된 사건들은 우리 집에서도 나한테서도 일어날 수 있는 것들이다. 노노간병, 스트레스, 우울증, 욕심……. 이것은 일본만의 이야기가 아니기 때문이다.

지금 일본은 급속한 저출산 고령화에 따른 노동인구 감소, 경제와 사회 정체에 따른 젊은이들의 폐쇄성 등으로 멍들어가고 있다. 이것은 이제 우리의 문제이기도 하다. OECD는 2050년 한국이 일본에 이어 두 번째로 노인인구 비중이 높은 나라가 될 것이라고 발표했다. 이렇게 한국은 일본이 걸어온 길을 때로는 의식하면서 때로는 의식하지 못하면서 따르고 있다. 그러니 이 이야기는 바로 이 시대 우리의 모습을 담은 것일 수 있다.

  우리 사회에서도 이런 안타까운 일들이 일어나고 있을 것이 분명하나 큰 사건사고들에 가려 드러나지 않을 뿐이라고 생각하면서 글을 옮겼다.

  법률용어 번역에 도움을 주신 정지석 변호사님께 감사드린다.

2016년 12월
고선윤

오늘도
법정에
있습니다

2016년 12월 26일 초판 1쇄 발행

지은이 아사히신문 사회부
옮긴이 고선윤
펴낸이 우찬규, 박해진
펴낸곳 (주)도서출판 학고재

주 소 서울시 마포구 양화로 85 동현빌딩 4층
전 화 편집 02-745-1722 영업 070-7404-2810
팩 스 02-3210-2775
홈페이지 www.hakgojae.com
전자우편 hakgojae@gmail.com
블 로 그 blog.naver.com/hakgobooks
페이스북 www.facebook.com/hakgojae

ISBN 978-89-5625-343-5 03300

잘못된 책은 구입한 곳에서 바꿔드립니다.